觅影寻声——动感语文

赵红燕 编著

世界图书出版公司
WORLD PUBLISHING CORPORATION

**图书在版编目（CIP）数据**

觅影寻声：动感语文 / 赵红燕编著 . -- 北京：世
界图书出版公司，2019.6
　　ISBN 978-7-5192-6346-1

　　Ⅰ . ①觅… Ⅱ . ①赵… Ⅲ . ①作文－中小学－选集
Ⅳ . ① H194.5

中国版本图书馆 CIP 数据核字（2019）第 106692 号

| | | |
|---|---|---|
| 书　　　　名 | 觅影寻声：动感语文 | |
| （汉语拼音） | MIYING XUNSHENG: DONGGAN YUWEN | |
| 编　　　著 | 赵红燕 | |
| 总　策　划 | 吴　迪 | |
| 责 任 编 辑 | 王林萍　李爱华 | |
| 装 帧 设 计 | 刘　岩 | |
| 出 版 发 行 | 世界图书出版公司长春有限公司 | |
| 地　　　址 | 吉林省长春市春城大街 789 号 | |
| 邮　　　编 | 130062 | |
| 电　　　话 | 0431-86805551（发行）　0431-86805562（编辑） | |
| 网　　　址 | http://www.wpcdb.com.cn | |
| 邮　　　箱 | DBSJ@163.com | |
| 经　　　销 | 各地新华书店 | |
| 印　　　刷 | 北京虎彩文化传播有限公司 | |
| 开　　　本 | 787 mm×1092 mm　1/16 | |
| 印　　　张 | 11 | |
| 字　　　数 | 198 千字 | |
| 印　　　数 | 1—3000 | |
| 版　　　次 | 2022 年 6 月第 1 版　　2022 年 6 月第 1 次印刷 | |
| 国 际 书 号 | ISBN 978-7-5192-6346-1 | |
| 定　　　价 | 45.00 元 | |

版权所有　翻印必究

（如有印装错误，请与出版社联系）

# 目录
CONTENTS

## 上 篇　成长三部曲

**第一曲**

**——从家起航**

**第二曲**

**——步入青春**

## 第三曲
## ——迈向世界

# 下 篇 文题讲堂

## 题目 1

# 我读懂了_____

**题目2**

## 这就是幸福

**题目3**

## 成功的背后

## 题目 4

### 那一刻，我的世界春暖花开

上　篇

# 成长三部曲

# 第一曲

## ——从家起航

我们从家扬帆起航。

家，是一个温暖而又富有内涵的字眼。它是我们早出晚归的住所，是我们日夜思念的故乡，是我们灵魂的栖息地，是我们心灵停泊的港湾。

家人，是我们坚强的后盾。他们是我们在外孤寂漂泊时的牵挂，是我们勇敢面对未知的底气，是我们哀伤孤独时的慰藉。

每个人笔下的家都不尽相同，每个人笔下的家人也各有特点，但作者所想表达的对家、对家人的爱与感激之情是同样真挚的。

愿我们认清明日的去向，同时不忘昨日的来处。

# 触动我心灵的小手

2018届 初三（9）班　王钰珣

　　"啪！啪！"一双小手轻轻拍在我的房门上，紧接着响起了一个稚嫩的声音："姐姐开下门，我给你拿了糖。"门一开，一个小不点伸出两只小手，手里抓了好多糖。他把糖放在我桌上，然后笑着跑了出去。这双小手，触动了我的心灵。

　　第一次握这双小手是在弟弟刚出生那天。在妈妈的肚子里待了十个月的他，皮肤皱皱的，小手握成拳也只有一块橡皮擦那么大。我轻轻捧着他的手，忽然他张开小手勾起我的小拇指，转过眼球盯着我看。

　　这双橡皮擦大小的小手触动了我的心灵。我知道，我成了一个姐姐，有一个小不点需要我的陪伴。

　　很快，学会爬的弟弟开始对这个世界充满好奇。他总是爬来爬去，抓起一个东西就往嘴里塞，用舌尖探索新世界。一天放学后，我正吃着热乎乎的豆沙包，他"咿咿呀呀"叫着向我爬过来，小肉手往前一扑，插进了那滚烫的豆沙馅中，我赶紧将他的手拿出。他撇着嘴，泪水从眼中不断滚落，颤抖地抽泣着。我急忙抱着他，往他的手上冲冷水。摸着那发红的手，我竟也湿了眼眶，内心满是自责。而那双发红的小手却轻轻拍着我的脸，想为我拭去泪水。

　　这双发红的小手触动了我的心灵。我知道，做事情要更加细心，因为有个小不点需要我的呵护。

　　转眼间，他已经是个朝气蓬勃的调皮小男孩了。他每天举着一把玩具枪，玩着黑猫警长的游戏。他总是躲在角落里，我一回家，他便跳出来，喊着"嘭，嘭，嘭"，对我一阵扫射，然后抱着枪大笑。有时候，他倒上一杯杯水，用彩色笔墨水给它们染色，自称做科学实验；有时候，他会弄坏我的东西，打扰我学习。他发脾气时，会挥起小拳头；他兴奋时，会大喊大叫。但是每当他摇着小手说对不起时，我总会原谅他。

这双摇摆的小手触动了我的心灵。我知道，我要更加宽容，因为有个小不点需要我的包容。

牵着他那只小小的手，我们一起向前走去。我们笑语相伴，也会争吵打闹，但是始终不会放开彼此的手。我们会一起成长，留下一路温暖的回忆。

感谢这双小小的手，触动了我的心灵。

## 评语

　　本文抓住了一个很小的切入点——弟弟的那双小手，围绕这个切入点叙述"我"与弟弟的点滴。文章首先描写了弟弟用手捧着糖递给"我"的情景，以此引出本文的主题。接着运用大段加小段的方式，描述了弟弟在三个成长阶段与"我"的故事：望着弟弟橡皮擦大小的手，"我"负起了姐姐的责任；看着因自己疏忽而被烫得发红的弟弟的手，"我"明白了要更细心地呵护弟弟；弟弟摇摆着向"我"道歉的小手，更使"我"懂得了包容。结尾部分再次点题，升华主旨——"我们笑语相伴，也会争吵打闹，但是始终不会放开彼此的手。"读完此文，暖意萦绕心头，久久不散。

# 那时花开

2018届 初三（10）班　田湘美

故乡的梅花又开了，在那洁白的花瓣下，是一片浓浓的亲情……

冬天来了，洁白的花和春天的百花相比，虽有些单调，却很傲人。

我无论如何都忘不了那个冬天。

小时候，最爱围在外婆身边的是我，外婆最疼爱的也是我。

一天，我在梅花树下玩，把梅花碰掉了好多。外婆跑来，手抚摸着残留的花瓣，心疼地说："好好的梅花被你碰掉了那么多，怎么这么粗心大意！"

望着外婆那张写满怒气的脸，我不由得一怔："外婆何时变得这么小气？"继而，我不服气地大声叫道："不就是几片花瓣吗？碰掉一些又不会怎么样！"

"你，你，你！"外婆指着我，气得满脸通红："我怎么会有你这样不懂事的外孙女！"说完，她转身就走。

我"哇"的一声哭了，想着外婆会来安慰我的。然而等了一会儿，抚摸我脸庞的，还是刺骨的寒风，却不见那双温暖的大手。外婆没有来。我的泪眼，只看见外婆的身影已经模糊在一片雪白的世界中。

我追上她："外婆，我错了，我一定会爱护花草的，您别生气了，好吗？"

外婆转身抱住我，指着梅花对我说："这些梅花很美，是吗？你知道吗？她们在春天却只是几棵小树，很不起眼。但当冬天来了，百花凋零时，她们是那么的美丽、傲人，那么的洁白。她们从不向寒冷低头。她们，是最有骨气的花！天气越冷，她们开得越洁白、越美丽、越芬芳！外婆希望你做这样的人，即使很平凡，也一定要坚持正确的东西，绝不向坏习惯妥协！"

扑鼻而来的梅花香气令我为之一振。梅花，开得淡雅、朴素，她的形象却永远停留在我心里。

依稀记得，外婆离开人世前对我说了句："你要像梅花那样坚强！"我哭了，一滴滴泪落在那块外婆送我的梅花手帕上，晕成一片片梅花状的水渍。我暗暗下决心要做一个平凡、朴素、不卑不亢的人。

又一次站在梅花树前，看那朵朵梅花，穿着朴素的白裙，迎寒挺立，淡淡的香味飘落在空气中。香味中有雪的冰冷与梅的刚强，就如同外婆那洁白而坚定的爱。

我站在一片洁白中，不觉热泪盈眶。

## 评 语

又是一年梅花开，洁白如玉的花瓣触发了"我"的回忆——年幼的"我"对落下的梅花不以为意，反遭外婆的训斥，外婆给"我"讲述了梅花坚韧的品格后，"我"方知外婆的用心良苦。"你要像梅花那样坚强！"短短的一句话饱含着外婆对外孙女深深的爱与期望……相信"我"将谨记外婆的嘱托，在奋斗的年华努力绽放，砥砺前行。

文中的梅花香有两层意思：一是梅花坚韧不拔的品格令人敬佩；二是外婆的话语"似一朵白梅，芳香溢满整个世界"，体现了外婆对"我"深切的爱。全文语言质朴，文笔优美，感人至深。

# 蜡色童心

2018届 初三（9）班 孙佳琦

"沙沙沙沙" "哗啦哗啦"，红色的、蓝色的、粉色的……不同的颜色相互覆盖，相互包容，在一张洁白的纸上呈现出不同的风景。融合的蜡散发出柔和的色彩，像一把钥匙，打开我关闭已久的童心。

或许，有人会说："都这么大了，还玩蜡笔画啊？我上完幼儿园就不玩这个了！"而我却仍旧用蜡笔描绘一幅幅美好的、柔和的画。有人说："你这么大了，还看童话啊？幼不幼稚啊？"而我却在童话书的插图和故事里，发现了爱的秘密。

蜡笔，是用来描绘画作的工具，它可以很粗犷，也可以很细腻，更可以表现事物的喜、怒、哀、乐。小小的我们，最爱用蜡笔来描绘想象中美好的未来，让一个个奇思妙想、一朵朵创意之花，盛开在小小的画纸上。长大后的我们，忘记了童年时代的热情与美好。当我再度翻开童话书，再度品味蜡笔画时，却是另一番滋味了。不是幻想，不是期盼，是回味与欣喜。当我再度拿起蜡笔，在白净的纸上渲染时，我理解着、发现着、创造着蜡的艺术。

最初，蜡笔画艺术的呈现，大多是为了给幼小的孩童们描绘一个个生动的故事，带给他们欢乐。然而，当曾经是孩童的我们渐渐长大之后，我们开始懂得仔细去品味蜡笔画艺术，逐步去探索蜡笔画的世界了：不同的色彩可以搭配出明暗的艺术，一张张笑脸可以展现童年的美好。小小的人物，不同的故事，爱与被爱的赋予，道德与责任的担当。每一处存在，无不是真理，无不是教诲。只可惜，童年时光太短，记忆太浅，人们长大后常常将小时候读过的童话故事书中通过蜡笔画所刻画出的真善美淡忘，做出许多不理智的行为。猜疑与嫉妒，自私与伤害时常发生，人与人之间的友情也渐渐淡去，少了爱与关注。

时常翻翻童话书吧，也许你会找回旧时的记忆；时常看看蜡笔画吧，也许你会回想起当初的理想；时常读读蜡色童话吧，也许你会找回属于你的美好的童年时光。时常翻翻它们吧，让原本明亮的童心再度被点燃吧！或许，你会发现这世界的美好与不同！

蜡，封住了童年，也封住了童心，却让它们互相融合，彼此掩映，彼此共存。蜡笔画，未必幼稚、不上档次，只是你没有用心去品味、去探索，才会遗失这份珍贵的记忆包裹。试着再一次用蜡渲染你的生活，让爱充满色彩，让世界充满爱吧！

## 评语

或许人人小时候都画过蜡笔画，但又会有多少人从中得出属于自己的理解与感悟呢？这位小作者就对此进行了深刻的思考，所以才会写下"小小的人物不同的故事，爱与被爱的赋予，道德与责任的担当""每一处存在，无不是真理，无不是教诲""蜡笔画，未必幼稚、不上档次，只是你没有用心去品味、去探索，才会遗失这份珍贵的记忆包裹"这样富有哲理的文字。由此可见，生活处处是精彩，我们何不细心观察、认真思考、有所感悟呢？

# 乡 味

2018届 初三（9）班 吕畅轩

　　我的老家在内蒙古，路途遥远，从小到大回家乡的次数屈指可数。久别故乡，最让我想念的是故乡的菜肴。

　　按照惯例，回内蒙古的第一顿饭，自然是要在自家吃的。我半斜着身子倚在炕上，感受着从炕下传来的阵阵暖意。爷爷在灶台前忙碌着，朴实的幸福就氤氲在袅袅白烟中。一家人围坐在一起，品尝久违的乡味。佳肴与情怀交织在一起，才下舌尖，又上心头。

　　在家吃饭，大菜是没有了，吃的就是份情怀。要是到偌大的草原上转转，你会发现各家各户桌上摆的菜又不尽相同。

　　内蒙古人爱喝奶茶，可不是城里的款式。内蒙古的奶茶分甜和咸两种，且并不以此论好坏。相比甜奶茶，咸奶茶的口感更加奇特和顺滑。茶一定要滚烫，"咕噜咕噜"倒出一小杯，舀一块方糖，再看着方糖慢慢陷进去，一口灌下。哪怕你的胃想要反抗，你的舌头也会让你情不自禁地灌下一杯又一杯。

　　若是遇到大户人家，桌上一定少不了肉。虽说现在都要吃没膻味的羊肉，然而在西北汉子看来，"那和嚼橡皮泥有啥子区别？"抓起羊排，羊油滴到嘴边，左手嘬点孜然，像野狼般自右向左撕咬过去，接着嚼嚼羊皮，再用油手抄起半杯冰水灌下，一流！桌上一定还有一盘卖相不太好的肠子，肠衣里约莫混着猪血与肥肉，估计还有内脏。做好心理准备后，咬一大块，比猪血更有嚼头，又比皮冻味更浓，甘美无比。

　　内蒙古的奶酪也很有特色。不同于西方的奶酪，我们这儿的奶酪更原始、更粗糙。一条一条，形似手指饼干，但多了锯齿状的条纹。发酵的酸与淡奶的鲜各据一层，味道交织在一起，极富层次。

介绍了这么多美食，最令我魂牵梦萦的，还要数清炖羊肉。一大锅端上来，热气腾腾，粗略一看，似与羊排无异，但轻轻一剥，肉就连着纤维一点点被撕下来。咽下肚，嘴里满是羊肉香。

身在异乡，故乡的味道却熟悉而难忘。乡味成为我与内蒙古联系的纽带，一头连接千里之外的异地，一头则永远牵绊着记忆深处的故乡。时过境迁，物是人非，乡味不改，乡思难忘。

## 评语

这是一篇十分具有个人特色的文章，通篇读来，遣词造句颇有老舍先生的风范。作者主要描写了家乡内蒙古的美食：有口感顺滑的甜咸味奶茶，有美味多汁的羊排，有卖相不好味道却甘美无比的羊肠，有富有内蒙古特色的奶酪，还有令作者魂牵梦萦的清炖羊肉。文中关于美食的描写既生动又细腻，使读者有立马前往内蒙古大饱口福的冲动。美食的背后是作者对遥远家乡的深深思念。《舌尖上的中国》说："总有一种味道，以其独有的方式，每天三次，在舌尖上提醒着我们，认清明天的去向，不忘昨日的来处。"我想，那便是乡味——"乡味不改，乡思难忘"。

# 最美的风景

2018届 初三（9）班 周镜如

　　记忆中的那些小故事，就像是一张张难以连缀成册的相片，散落在记忆的沙滩上，那模模糊糊的色彩让你看不清其原本的模样。偶尔一丝触动，那色彩、那线条却突然清晰明朗起来。

　　那是初秋的傍晚，太阳慢慢往下滑，就快要落下去了，余晖斜斜地穿过一幢幢楼宇，将它们分割成很不规则的几何图案。

　　我刚踏进小区的大门，右侧的楼梯上一个小女孩清脆稚嫩的童声传入我的耳朵，那纯净圆润的笑声就像是荷叶上滑落的露珠，亮晶晶的惹人喜爱。我加紧几步，看到了那个天使般白白胖胖的小女孩。她趴在楼梯上兴奋地滑下斜坡。一旁关注着她的保安连忙机敏地伸出手护着这个小天使。终于，小女孩安全着陆了。那张晶莹白皙的脸庞和那张黝黑粗糙的脸庞同时绽放出纯粹而美丽的笑容。

　　我也不由自主勾起了嘴角。眼前一个恍惚，这画面似曾相识啊！

　　多年前，我也是这样一个不安分的小孩，小区里也有这样一个皮肤黝黑却笑容爽朗的保安叔叔，那时候我们也是格外要好。每次放学回家，我总是急匆匆地赶完作业，想要早点奔下楼去，冲到他面前找他玩。找他的小朋友并不只我一个，我们常常会在他那里不期而遇。小时候的我们是多么淘气啊，总是把他的水壶藏起来，看他一脸着急地东翻西找，我们几个则相互对视，得意扬扬地哈哈大笑。其实他怎么会找不到呢，只是逗我们玩罢了。

　　有时候，我们会把老师奖励的花花绿绿的贴纸贴满他的桌子，然后幸灾

11

乐祸地看着他撕那些怎么也撕不干净的纸印。现在他的桌面上还留着些斑驳的痕迹，就像烙在记忆里的烙痕，任时光无情流逝也不能将它抹去。

我缓过神来，对面那个爬楼梯的小女孩还在乐此不疲地闹着、笑着。我的记忆里也藏着那样一个调皮的小女孩，时不时地跳出来逗一下我，投映我生命中那些美丽的风景——她的名字，叫童年。

## 评语

　　本文通过描写小区中的小女孩和保安玩耍引出"我"与保安玩耍的童年回忆，塑造了顽皮的小孩和耐心善良的保安这两个生动的人物形象，体现了小作者对逝去的童年的怀念与惋惜，读来让人感同身受。

　　此外，小作者的文笔也让人赞叹有加：首先文章运用大量比喻，如"记忆中的那些小故事，就像是一张张难以连缀成册的相片，散落在记忆的沙滩上""那纯净圆润的笑声就像是荷叶上滑落的露珠，亮晶晶的，惹人喜爱""现在他的桌面上还留着些斑驳的痕迹，就像烙在记忆里的烙痕，任时光无情流逝也不能将它抹去"等。文章语言生动有趣，让人有继续往下读的冲动。文章还写到"那张晶莹白皙的脸庞和那张黝黑粗糙的脸庞同时绽放出纯粹而美丽的笑容"，这句话很能触动读者的心灵，不同身份的人能如此和谐地共处，人与人之间纯真的友谊是多么美好啊！如果小作者能在文中多加些点题的语句就更好了。

# 感恩母亲

2018届 初三（10）班 薛文浩

　　"世界上的一切光荣和骄傲，都来自母亲。"高尔基如是说。我深以为然。母亲于我就是伟大的存在，因为她凝结了我的血肉，精彩了我的日夜，塑造了我的灵魂。母亲的爱，就像春日的微风，时刻轻抚着我的脸庞；母亲的爱，就像夏日的绿荫，时刻在我的头顶为我遮挡烈日；母亲的爱，就像冬日的暖阳，时刻温暖着我的身心。总而言之，我在她的深情里度过了分分秒秒、日日夜夜、春夏秋冬。

　　亲爱的母亲，感谢您把我带到人世间，给了我健康的身体，又用甘甜的乳汁哺育我长大。我知道，我的出生日是您受难的日子。曾听外婆说，还没出生，我就已经在您的肚子里踢起了足球，很是调皮。脐带绕脖子三圈，您害怕顺产我会缺氧，最后选择在自己肚皮上划了一刀。如今十五年过去了，那块刀疤还依然清晰可见。怎样无私的人，才会选择这样付出呢？那就是一直默默无闻，一直爱我的妈妈呀！

　　如今我长大了，上初三了，无论刮风还是下雨，您依然坚持每天六点起床，为我准备早点，然后送我上学。十年如一日地陪我成长。我的一言一行，喜怒哀乐，全都牵动着您的心。您知道我有老师、有同学、有朋友，可您的全世界只是我。我就像是在天空盘旋的小鸟，纵使已经能自由地飞翔，可您依然会为我挡风遮雨。有了妈妈的陪伴和带领，我才能逐步成长；有了妈妈的关心和爱护，我才能无所畏惧。

　　初三的学习很紧张，考试很多，班级也会经常有排名，而我的成绩却迟迟追不上。老师和同学的言语中，催促与责怪与日增多，而我的自信心，也日益衰减。终于，当我又一次没考好时，我心灰意冷。我不想回家，就一个人在马路上漫无目的地转悠。时间一分一秒地溜走，夕阳很快隐入群山，沉重的夜色很快压了下来，我心里却更加烦闷。踌躇之间，我最终还是不知不觉走到了小区门口，看到您正在焦急地走来走去找我。您一见着我，立刻快步上前，问我路上发生了什么事，怎么这么晚才到家。我唉声叹气地诉说了原委，却不见那双眸子里闪动着愤怒。您说："傻孩子，这都不敢回家。学习不是一朝一夕的事情，这次落后了，下次加油赶上不就行了？"说完，给我一个大大的拥抱，把我搂入怀里。这一刻，我的失落一下子无影无踪，有的只是温暖和感动。

母亲，您是我避风的港湾，是指路的方向灯，是雨后的彩虹。我是您的果，您是我的根，有您才有我。我告诉自己，一定要好好学习，将来好报答您的养育之恩。我会乘风破浪，像一只勇敢的雄鹰，在蓝天上自由地翱翔！

### 评语

本文情真意切，读来着实令人感动。

本文通过列举丰富的事例，生动形象地表达了母亲对自己浓浓的爱。自己没考好时母亲等"我"的焦急模样，还有母亲安慰"我"的话语，刻画了一位通情达理、洋溢着浓浓母爱的母亲。

同时，出色的修辞，也是本文的一大亮点。开头段的排比与比喻，生动形象地表现了母亲的慈祥与仁爱。

文章结尾，通过感叹句，升华了文章的主旨。这样，文章就从对母亲的颂扬，转到自己的实际行动上去了。这种写法，能有效地加深文章的深度，应为大家所学习。

# 我的奶奶

2018届 初三（9）班 王 涵

　　每当传统佳节，万家灯火点亮城市的夜空，我总会想起我的奶奶，一个慈祥朴实、勤劳能干的老人。她胖盈盈的脸上总是带着和善的笑意，就像月圆时的光芒，给人一种清净、温暖的感觉。

　　奶奶住在广州，与我们相距只有一百多公里，可是我们回家的次数却极少。每次回去前，我总是兴奋地给奶奶打电话："奶奶我要回来了，我要喝早茶。"每次回家，她总是早早去我最爱吃的那一家排队。有时候因为堵车，常常要奶奶等上两三个小时，可是奶奶愿意。每当别人问她原因时，她只是笑呵呵地说："没事，孙女喜欢吃。"

　　每次从老家回来，我们总是将大包小包的零食塞满车尾箱。秋分时节的包裹里总是少不了香脆可口的花生。奶奶晒的花生特别好吃。每次我一回到广州，她都会把大包小包的花生塞给我，让我回深圳慢慢吃。煮花生可是一个细活，也是一个累活。我想象着她一个人钻进厨房里，把一锅又一锅的花生煮熟，抄起锅铲，翻动翻动，让一颗颗饱满的花生受热均匀，软硬适中。不知道她什么时候才会放盐，或许已经把盐放好了。但是我能想象那一股股热气，腾腾地冒出来，把她的面庞蒸得通红通红。

　　记忆中我倒是见过她晒花生，她站在正午的阳光下，端起簸箕用力地颠一颠。手上的青筋因为用力而一条条地突出来，一颗颗花生就在阳光下此起彼伏地跳跃，翻了个身再落下去，错落有致地敲击在簸箕上，发出"咚咚咚咚"清脆的声音。这样，花生的每一个地方都能享受到阳光的沐浴。晒透了之后，就变成了我手中大包小包香脆可口的花生了，晃起来清脆作响，嚼起来口齿留香，味道好极了。

想着想着我又想回广州了，每年中秋我们都要和奶奶一起过。一看时间，今年中秋马上要到了。昨天晚上我又接到奶奶的电话，除了平常那些叮嘱和关心，电话的最后她还轻轻地问："孙女儿啊，今年中秋回来过吧？""回，当然回。"电话那头顿时传来乐呵呵的笑声。我想老人家心里应该在琢磨着，中秋那天要早早地去集市，给孙女儿买新鲜的大虾、色泽鲜红的烧鹅，给孙女儿烧一顿美味的大餐。

这就是我的奶奶，她和别人文章中那些会织毛衣、会包饺子的奶奶似乎不一样，但她又和天下的奶奶们一样都有一颗最慈爱的心。她用这颗火热的心给予我绵绵不断的温暖，给予我享用一生的无尽的爱。

## 评 语

　　这篇文章刻画了一个勤劳朴实、和蔼可亲的奶奶，叙事和描写中流露出作者的真情实感。文章事例详略得当，其中奶奶晒花生的细节描写更是为整篇文章增光添彩——"她站在正午的阳光下，端起簸箕用力地颠一颠，手上的青筋因为用力而一条条地突出来，一颗颗花生就在阳光下此起彼伏地跳跃……"文章略写了奶奶为作者早早去早茶店排队和今年临近中秋节奶奶与作者的一次通话这两件事，虽简略，却也绝妙地烘托出奶奶慈祥朴实的形象。

# 我怀念的风景

2018届 初三（9）班 曾庆聪

"新月弯弯如眉，满眼相思泪，月还是故乡明……"耳畔不经意间传来了一阵歌声。我的思绪不由得随着音符飘向远方……

那里，没有高耸入云的高楼，没有纷纷攘攘的商店；那里，只有沁人心脾的麦香，清澈见底的池塘和鸟语花香的树林。

那是我的故乡。那里的山延绵不断，那里的水奔腾不息。久别故乡，我时常怀念那片土地，怀念在那片土地上的点点滴滴，怀念那里的一年四季。

春天，我走过一片新翻的土地，微风吹拂，裹挟着新翻的泥土的爽朗气息。小溪中的冰渐渐融化；小鱼们在清澈见底的水中活蹦乱跳；小鸟倚靠在大树的枝头，唱响了春天的赞歌。这一切给初春注入了勃勃生机。

夏天，外婆家门前的花一朵朵争先恐后地开放，你不让我，我不让你，好似在向路人争宠。太阳一出来，争奇斗艳的花儿们便纷纷耷拉着脑袋，变得无精打采。孩子们簇拥着奔向小溪，玩耍、戏水，爽朗的欢笑声驱散了空气中的闷热。

秋天的景色是我最怀念的。金秋佳节，百果飘香，果实的香味十里之外都能闻到。我走过果园，一眼望去，满树的果实挤挤攘攘，急不可耐地投向大地的怀抱。再往前走，一望无际的麦田便映入我的眼帘，温暖了我的心房，就像一张金色的大床，孕育着收获与喜悦。

冬天，大雪似柳絮般纷纷扬扬，将门前大树的头发染成白色，为大地裹上一层银装。树叶随着寒风卷落，不一会儿，光秃秃的枝杈上便落满了雪花，正如诗中所描述的："忽如一夜春风来，千树万树梨花开。"

夏日的清风，我总觉得家乡的更凉快些；冬日的阳光，我总觉得家乡的更温暖些；听着"月是故乡明"的歌声，我觉得家乡的月亮也总是更明亮些。

人不能太过怀旧，要学会适应新的环境；但在适应的同时，不能忘记，出发的地方。

怀念这片土地，怀念这里的四季景色。它们共同铸就了故乡这首独一无二的歌，深埋在我的心里，萦绕在我的梦里，难以忘记。多年以后，当我重回故土，愿我依然能看见那熟悉的一派生机与希望。

**评 语**

　　这篇文章最大的特点就是生动。大量比喻、拟人等修辞手法的运用，极大地增添了文章的生动性。本文以时间为线索，描写了外婆家的四季景色：活蹦乱跳的鱼、歌唱的小鸟展现了生机勃勃的春，被晒蔫了的花儿、戏水的孩子们描绘了烈日炎炎的夏，满树的果实、金色的麦田表现了硕果累累的秋，纷纷扬扬的大雪、被雪花装点的"银树"展现了白雪皑皑的冬。本文的景物描写十分出彩，作者能在描写的基础上多加一些抒情与议论，文章将更加丰满和充实。

# 怀念那一树浓郁的绿

2018届 初三（9）班 蓝小峰

光阴似箭，日月如梭。时间如同一支锐利的箭划破了我的童年，将我带入一个全新的世界。从此，少年的青涩取代了童年的天真幼稚。从此，童年时代的欢声笑语慢慢地消失在我的脑海里，被遗弃在昏暗的角落。

当时，村子前有一棵畸形的树，弯弯曲曲的，像极了那种有钱人家家里的螺旋梯。一年四季，孩子们的欢笑声始终环绕着那棵"螺旋树"，而那棵老树，也懒得再往上长，就趴在一堵墙上，陪着这些乳臭未干的小屁孩嬉戏打闹：打枪战、抓人、"三个字""老鼠偷油"……那一个个熟悉又遥远的名称始终萦绕在我的耳边。

"啪！啪啪！"那时候的我打枪战可从来没有担心过会把嗓子吼破，也从来没有顾及过父母的担心，只想着跟"玩"有关的事儿：一起玩的小伙伴们会不会突然被妈妈叫回家吃饭？下一次去哪里玩，怎么集合，带些什么？其实人会不会来我并不知道，而我永远都是等的那一个。要是有人来了，就开始玩，玩着玩着就会不断地有人加入进来。直到有人有事全部走光了，再相互一约："嘿！待会再来玩啊。"但要是没有人来呢，我就暗自咒骂几句那些言而无信的人，然后就回家该干啥干啥去了。一直"疯到"上小学二年级，我搬家了，这才跟小伙伴们依依不舍地分开。几个经常在一起玩的小伙伴甚至还会掉下眼泪来，给我买点小零食"送行"。

可是现在呢？

现在我才发现，时间划破了我的童年！再回到村子里，那棵"螺旋树"

早被台风砍倒了，如今连树根都没剩下，只留给孩子们一片光秃秃的水泥地。孩子们三五成群地说：今天玩什么游戏啊？到时候组团"开黑"啊？哪个游戏主播怎么样啊……我被惊得目瞪口呆。三年，三年就这么快过去了？三年的改变这么大？偶遇一位以前的伙伴，他一开口就问我最近在玩什么游戏，转学后混得怎么样，让我无所适从。那时的伙伴，跟现在的小孩子太不一样了！现在的小孩子，总能见到他们戴着眼镜，低头死死盯着手机屏幕的身影。而我们呢？那时的我们在绿茵场上飞奔的样子仿佛仍在眼前。岂止是天差地别啊？

如果那棵树还在，该是何等的枝繁叶茂，何等的翠绿？如果现在的小孩子像我们那样去疯、去跑，而不是沉迷于网络游戏，那将是多么富有朝气的一代啊！

怀念，那一树浓郁的绿！

**评　语**

开头使用比喻的修辞手法，突出了时光流逝之快，写"我"的童年已逝去，"我"已步入少年，童年的记忆却逐渐被"我"遗忘在角落，引出下文对童年的回忆，衔接自然，行文流畅。第二段开头再次使用比喻、拟人的修辞手法，生动形象地写出了孩子们与被称为"螺旋树"的老树嬉戏打闹的场景，喻体新颖，创新意味十足。接着以孩童的角度，充满趣味的语言写自己儿时的贪玩。然后，一句疑问句独句成段，略有几分反问语气。话锋一转，深化了主旨，描写了三年以来人和事的巨大变化，颇有些物是人非的沧桑之感。连用几个问句后又独句成段，不但紧紧扣题，而且更是流露出作者对当今社会某些不良现象的谴责，寓意深刻。

# 那一抹碧绿

2018届 初三（9）班 陈天澜

对于家乡，尚还年幼的我并没有过多的感触，对于家乡的记忆只是无忧无虑的玩乐、欢笑。每年往返家乡，总会给我带来不少快乐。但随着年龄的增长，我对于家乡的思念，就如外婆屋门前的那株爬山虎一般，愈发碧绿、苍翠、清晰……

又到了除夕，大家辞旧迎新，欢度佳节，真是热闹非凡。大人们都围在饭桌前谈天说地，共同说着新年的目标与愿望。听着大人们如此热闹的交谈，我感到自己有些格格不入，于是就轻手轻脚地来到外婆床前。

外婆腿脚不便，一个人睡在屋里，见我来了，很是开心。她努力坐起来，微笑着亲切地问候我。我乖乖地坐在外婆旁边，一边看着小电视上的春晚，一边与她谈论新年的美好畅想。与此同时，屋檐下那株爬山虎开始缠绕那面斑驳的老墙，给这个寒冷的冬日带来一抹碧绿。

绿意更加盎然，我也更加茁壮。紧张的学习让我失去了许多回去的机会。渐渐地，我一年只回去两次，这更加深了我对家乡的想念。回去的目的虽然只是为了看望外公外婆，但他们的存在令回家有了非凡的意义，特别是对爸爸妈妈来说，他们对父母的孝心，是给自己，也是给外公外婆最好的慰藉。

可世上没有不散的宴席。

外公外婆，终究还是走了。这次回家乡，已是清明。烟花易冷，人去楼空。搬运完杂物后，我匆匆下楼，想再多看那些房间、那个窗台一眼，却偶然瞥见那盖满半面墙壁的爬山虎。

记忆中的爬山虎没有那么高大，也没有那么苍翠碧绿。我想起外公那天在窗台上看着爬山虎时向我发出的感叹："看到了吗？你就像那蜿蜒的爬山虎，纵横交错，总有一天你会成长，直到长满整片墙壁。我等着那一天的到来！"如今墙上早已碧绿如麻。可外公已不在，接下来的路，还得由我自己走。

家乡会随时间而在我的记忆中淡去吗？我想不会。因为家乡有外婆留念的一切，有外公真挚的期望，有我对家乡美好的向往，还有老墙上的那一抹碧绿……

## 评 语

本文以苍翠的爬山虎为行文线索，与标题呼应，情感真挚，写出了自己对故乡的眷恋，对外公外婆的思念，以及对童年生活的怀念。作者笔触很细腻，细致地描写了爬山虎生长的身姿，采用双线并行的手法，同时也映衬出作者自身一步步的成长与成熟。"看到了吗？你就像那蜿蜒的爬山虎，纵横交错，总有一天你会成长，直到长满整片墙壁。我等着那一天的到来！"结尾与前文呼应，表明外公对自己的期望。作者思路亦很清晰，语言生动明丽，结构完整，层次分明，是篇佳作。故乡是人这一辈子永远也无法抛弃的东西，它定可以作为向前的动力，促使人们奋力拼搏。暖风旭阳彩云天，越岭翻山来相见。

# 那些闪亮的日子

2018届 初三（10）班　黄嘉敏

　　能被记住的事情终归是美好的，那些日子散发着熠熠星光。星星点点的光辉照亮了我人生漫无边际的夜空，成了我最珍贵的记忆。

　　每颗星星都承载着属于我的故事，有些星星久远得都已经褪去了光芒，但仍然闪烁；也有许多初生的星星闪耀着，发出动人的光。我喜欢摘下那些"老星星"帮助它们找回往日的光辉，使它们永不褪色。

　　纯真的童年使我感受到友情的真挚。依稀记得在老家，我与一个只有一面之缘的女孩结为朋友。那个快乐却又短暂的下午，我们成为一对走南闯北的"冒险家"，在一座山上胡乱地走着。秋风呼呼地刮着，把我们的脸吹得通红，可是我们的欢笑声，却透着浓浓暖意。我们翻开一块块石头，捡起一片片落叶。时间偷偷溜走，转眼间，石头上、土路上，都铺上了一层薄薄的金色光芒。夕阳渐渐消失在地平线，我们的肚子都开始抗议。最终，她慷慨地掏出钱包，换来五彩缤纷的糖果，还有金黄酥脆的薄饼。那诱人的香味，直到她走后，还缭绕在我的周围，不知道这是不是友情的香甜呢？

　　这一面之缘，化为一颗璀璨的星星，永远挂在我人生的天空中。

　　率真的童年使我感受到亲情的温暖，但随着时间流逝，却渐渐暗淡了。父母的唠叨越变越多，一字一句就像耳旁狂风，吹得我内心生疼。我不禁疑惑，闪亮的日子，是不是早已离我远去？

　　直到那一天，只有我一个人在家，一片清冷的气息肆意弥漫，我的内心也提不起劲。百般无聊之际，我打开那个陈旧的柜子，拿起那本相册。相册上的那层灰暗示着它的年龄，时间在它的每一页上都留下了深深浅浅的痕迹。它的边角虽向外卷着，可它却并不显得残破。轻轻拍去灰尘，一行行娟秀的字迹映入眼帘，看得出它的主人十分爱惜它。我慢慢翻阅，记忆不觉回到过去。那一张张照片上，妈妈拥抱着的小女孩不就是我吗？躺在床上，听妈妈讲故事的小女孩，也是曾经的我。一页页翻着，一滴滴泪无声地落下。不过，那不是痛苦的眼泪，是感激的眼泪。

从前妈妈的爱像一个火炉，温暖着我；又好像天上的繁星，一直默默地照亮我那一个个平凡的日子。而如今，虽然这火炉有时过于炽热，这繁星有时过于耀眼，却始终是为我而燃烧、为我而闪烁的。一直以为自己总在黑夜里前行，在这一刹那，才发现，原来自己身处一片光明之中。

星星虽然微小但从不会灰暗，日子虽然平淡但从不会黯淡。一个个关于平淡日子的回忆，像天上的星星一样，汇聚在一起，变成最闪亮的夜空。

纯真的友情化作星星闪耀着真诚之光，浓浓的亲情化作星星闪耀着温暖之光。这些闪亮的日子，如一颗颗繁星，镶嵌在我人生的夜空之上。

## 评语

此篇文章文笔秀美，感情真挚。

文章从友情、亲情两个方面入手，给"那些闪亮的日子"这一主题赋予深刻的内涵，又佐以恰当的比喻、对比，使文章主题更加鲜明。比如第三段中的朋友已走，香味仍留，含蓄地点明了友谊的长久。修辞手法的娴熟使用，赋予本文语言极佳的文学美。

最后一段，回扣主旨，将闪亮的日子比作繁星，给了"闪亮"一个明确的轮廓，更表达了"繁星照亮我前行的路"这一主旨。

# 那些闪亮的日子

2018届 初三（10）班 沈灵

十四年了，我曾经历过无数芜杂与喧器，也走过许多山川与江海。平凡的、新奇的、高兴的、失落的……无数的日子填满我的记忆，却总有些闪亮的、一直散射着温暖的光芒。

还记得，大街小巷中美食的香味。

我的家乡是个小县城，没有繁华与热闹，却有清闲与自由。早晨，妈妈总会带我来到小小的早餐店，点上几根油条、几个馒头，然后就开始和老友拉开了家常。我呢，一边看着老电视机里那些京剧演员在你唱我和，一边大口地嚼着香喷喷的馒头。煮米粉的大锅里，一颗颗肉丸在高汤中露出小脑袋，肠粉蒸笼里白雾缭绕，但见老板娘熟练地舀起一勺清凉的米汤，在案板上转一圈，打上一个鸡蛋，再往蒸笼里一送，蒸笼就又开始吞云吐雾了。

到了晚上，我们常常去吃夜宵。比起早上，多了一份从容，少了一份匆忙。端出来的粥是刚刚煮好的，米粒裹着一层琼浆，颗颗晶莹闪亮；厨房的门没关好，卤水的香气就蹑手蹑脚地溜出来了，又肆无忌惮地溢满了空气；就连炙热的烤生蚝发出的滋滋声，似乎都有一种香甜的味道。

小时候的我，穿梭在小城的各色店铺间，感受着舌尖上的美味，无忧无虑地度过了一个又一个闪亮的日子。如今，纵使学业繁忙，我也总是会抽空回到小城，寻觅那阔别已久的味道。往日的记忆，也就又一次闪亮起来了。

还记得，烈日下河水的清凉。

"哥哥哥哥，快出来！"我急不可耐地冲进屋里，拉起哥哥的手就向河边奔去。夏日的河边，总是人满为患。男孩子们大多数手里会拿着石子，嘻嘻哈哈地"打水漂"。而我们女孩子就安静多了，一个个拿着瓶子，仔细地寻找水中的蝌蚪。

哥哥是抓蝌蚪的能手。水面的粼粼波光隐没了小蝌蚪们的身影，晃得人眼花，哥哥却不急不恼，只见他用修长的手指拖着小鱼网灵活地在水中游走，不一会儿就把蝌蚪逼到了角落。这时再用塑料瓶一捞，一个个活泼可爱的小生灵就被收入囊中了。

累了，河边的大青石是我们的座位；渴了，祠堂里的阿姨总会笑吟吟地拿出一杯杯清凉的水。每次，注视着蝌蚪们在瓶子里游动，我的脸上就会溢出笑容；每次，哥哥拉着我的手一起奔回家，母亲满脸淳朴的笑容总会出现在我面前。

在小城度过的童年时光无忧无虑，还有哥哥的朝夕相伴使我感受着童趣与亲情的闪亮。如今，虽然学习的压力与日俱增，但当我翻阅小时候的相册时，眼睛仍然会突然闪亮起来。

那些日子，暖如朝阳，润如雨露，闪亮如粼粼波光的水面。它温暖着我，激励着我，指引着我，如群星一般，每当我迷失了方向，它们总会放出闪亮的光芒。

## 评语

本文写法非常新颖，文笔也十分优美。

本文题目是"那些闪亮的日子"，那就必须突出日子的"闪亮"。有些学生写文章时，只是在每一件事的结尾总结"这些日子很闪亮"；而本文，则有意无意地在文段中不断提到"闪亮"，如"颗颗晶莹闪亮"。这样，就赋予闪亮一个明确的意味。

同时，活泼的修辞手法赋予文章俏皮的意味，如"卤水的香气就蹑手蹑脚地溜出来，又肆无忌惮地溢满空气"，将香气人格化，极其传神地描绘了香气溢满空气的情景。

# 第二曲

## ——步入青春

岁月匆匆，流年似水，我们步入青春。

青春的旅程，五味杂陈。我们为胜利欢笑高歌，为失败黯然神伤。我们曾充满激情与热忱，也曾不安迷茫。青春，虽不完美，却很美好。

青春的道路，风雨兼程。炎炎烈日下，我们在操场上挥汗如雨；漫漫长夜里，我们在书桌前奋笔疾书。青春，即使疲惫，也不投降。

"生命啊，不是你活了多少日子，而是你记住了多少日子。要使你过的每一天，都值得回忆。"

愿我们在最好的年华，以风为缰，肆意张扬；愿我们在奋斗的年华，以梦为马，不负韶华。

# 一张笑脸

2018届 初三（9）班 徐雅敏

夕阳的余晖落满了大地，我轻轻地拉开尘封已久的抽屉，翻出那一张定格了你的笑脸的照片，拂去上面薄薄的一层灰，凝视着你，笑靥如花。我们，有多久没见了呢？

那天课间，我伏在栏杆旁俯视着下面一棵不知名的树，大片碧绿的叶子间盛开着饱满的花朵，它们傲然挺立着，占据了树最显眼的枝畔，娇嫩的花瓣，肆意地盛放着属于它们的精彩。我痴痴地望着，愕然间瞥见你的身影：你来到树下，神情一如既往的淡漠，但你的手中，却捧着一朵盛开的花。你的双眼凝视着它，面颊上竟缓缓地绽放出一个笑容，闲恬、宁静。我心头一阵惊悸，原来看似冷淡的你，也有一颗柔软的心。

你的抽屉里总是有一本诗集，翻开它，洁白的书页上，赫然是一片娇嫩的花瓣。你问我："知道这是什么花吗？"我摇摇头，你便自顾自地说下去："这是木棉。它们多么像我们，张扬、无畏，心无旁骛地在世间留下自己最靓丽的身影。"你的神情依旧淡漠，但你说这些话时，阳光投落在你的侧脸上，我竟察觉到一丝笑意。

自那以后，你像变了一个人一样：伴着鸟儿的欢唱，第一个来到教室晨读的，是你；在课上挺直背，双目凝视黑板的，是你；放学后，自习到暮色透进教室时的，是你。半年过后，你成为班上最优秀的学生，同学惊诧的目光如聚光灯般投在你的身上。而你，依旧沉默，只是仍会到那棵木棉树下，望着它们久久地出神。良久，一张笑脸缓缓绽开。

终是要分离了。我向你要照片做纪念。你把它递过来，我凝目注视那一张照片。只是，我竟发现了不一样的东西：你如花灿烂的脸庞后，竟是那一树木棉——木棉花在枝头跳舞、旋转。将照片翻过来，一行清秀的字映入眼帘：以梦为马，不负韶华。

我如醍醐灌顶，那一张笑脸，是你对这句话最好的诠释：唯有以梦为马，在最好的年华盛放出一树木棉，方能不负韶华。

那一张笑脸，该是你对木棉花深刻的理解吧。青春易逝，"劝君莫惜金缕衣，劝君惜取少年时"。你给我留下的，不仅是一张笑脸，还有你那追求梦想、不负青春的信念。

## 评语

　　本文以木棉花为行文线索，思路清晰，层次分明。文章使用了景物描写、细节描写等一系列描写手法。例如"大片碧绿的叶子开着饱满的花朵，他们傲然挺立着，占据着树最显眼的枝畔，娇嫩的花瓣，肆意地盛放着属于他们的精彩"，这些语句生动形象且富有诗情画意，为本就富有文采的文章勾勒出更精彩的一笔。结尾以"劝君莫惜金缕衣，劝君惜取少年时"抒情，充分表达了青春之时我们应该追求梦想、不负青春的思想。

# 我的动力源

2018届 初三（9）班 辛俞欣

从初识你的那一刻起，你便成为我心弦上不逝的风景。

你朴实无华、古朴典雅，泛出一股竹子的清香。小心翼翼地捧起你，我仿佛穿越了历史的烟云，沉浸于"深秋帘幕千家雨，落日楼台一笛风"的诗情画意中。透过这画面，我仿佛窥见你波澜不惊的心。

每天夜晚，我总有那么一段时间与你相伴，洗去一天的疲惫，拂去心间的尘埃，忘我地陶醉在你的歌声中，如同鱼儿在水中畅游。我是离不开你的，正如那鱼儿离不开水。

犹记得那是一个夏日，艳阳高照却阴云密布，风一阵阵地刮着，吹来一阵阵热浪，带来属于夏季的燥热。这样的天气不禁使人胸口发闷，我的心跟着躁动起来。期末考试的成绩出来了，我隐约有些焦虑，还没等我走到老师办公室，"哗啦啦——"雨开始了它们的狂欢。我孤单而无助地走向办公室。"咚咚咚——"我敲了敲门，又喊了一声"报告"便走了进去，望向那熟悉的位置，空空荡荡的座椅，老师不在。我走了过去，电脑屏幕亮着，是考试成绩！我的心"咯噔"一下，看见了我的名字！那年级排名却仿佛给了我当头一棒。

我冲回家，跑进了我的房间，我没有哭，只是不断地对自己说："哭是没有用的。"无意中瞥见静静地躺在床头的你，我将你握在手中，送到嘴边，呼气，"呜——"动听的声音从我嘴边流淌而出，我的眼泪却不受控制地流了下来。在婉转的音韵中，你如一位安详和蔼的老者，在不断地安慰着我，嘱托我要有失之坦然的从容，鼓励我要有愈挫愈勇的斗志。渐渐地，我平静下来，心似一潭经历过暴风雨洗礼之后重归波澜不惊状态的湖水。于这静寂的时刻，我找到了继续前进的动力。

依然是一个夏日，不一样的是我迎来了努力的回报。当我拿着成绩单回到家中，并没有像往常那般喜形于色地和父母邀功，而是默默地将成绩单放到桌子上，回到房间，我又默默地将你捧起，熟悉而婉转的旋律从口中飘出，萦绕于耳际。我知道，即使山花烂漫，我也不能回望，因为又要启程，继续追梦。

捧起你的每一个时刻，都是我重新出发的起点，更是我迈向终点摇旗呐喊的时刻。我的动力源是你——竹笛！

**评 语**

作者运用第二人称，以独特的视角，把竹笛拟人化，写出了竹笛带给自己的鼓励和支持，欲扬先抑的手法也让读者不由自主地随着作者的情绪先抑后扬，最后也为她的成功而感动。"艳阳高照却阴云密布""风吹来一阵阵热浪"等环境描写，也给本文增色不少。文章行文流畅，文笔优美清丽，内容雅致而特别。"我知道，即使山花烂漫，我也不能回望。因为又要启程，继续追梦。"有象征意义的议论使文章的立意更加深刻，这些似乎让人一下就能看见那个吹着竹笛的女孩：她沉醉在悠扬的笛声中，却又有着执着追梦的勇气与力量；她吹奏出优美动听的旋律，却又踏着最坚定沉着的步伐。

# 因为有你

2018届 初三（9）班 王焕乐

"博览军书，摆遍棋谱；全神贯注，只求一胜。"

这条坎坷的征途，仿佛一个大军营，从初出茅庐到身经百战，我从一个无名小卒成为一名骠骑将军，领略到了沙场上将军们那番"长路漫漫，唯剑做伴"的情怀。

因为有你，我的生活不会平庸。

看着棋盘上的每一颗棋子，每一次行动，都让我仿佛身临其境。那无所不能的"后"就像横扫八荒的拿破仑；那横冲直撞的"车"，让我想起战神吕布的勇往直前、势不可当；那灵活跳跃的"马"，让我忆起毛主席带领共产党机智勇敢地四渡赤水河，躲避国民党的狂轰滥炸的情形；"兵"就是那战场上冲锋陷阵的勇猛战士；而"王"，就像诸葛亮一样，坐镇营中，指点江山。最危险的，往往是冲到最底线的"兵"，但与此同时他也是最幸运的。此时，他可以变成"后""车""马""象"中的任意一种。每当"兵"冲到底线时，《狼牙山五壮士》中副队长葛振林大难不死最后成为副司令的景象便会出现在我的脑海中。

因为有你，我学会了迎接挑战。

"知己知彼，百战百胜。"在这惊险的战场上，揣摩并摸透对方的心理便能立于不败之地。可对弈不比读书，变幻莫测的对手也许就在不经意间杀你个措手不及。唯有聚精会神，找出破绽，并一举攻破才是最终制胜的关键；反之，若自己疏忽，一招不慎，便会落得满盘皆输。不仅是战术诡诈，对手性格也是各种各样，有的善攻，有的好守，有的注重布局，有的爱耍阴谋。有时，我是高高在上的守擂者，就得像国乒那样靠实力证明自己不可撼动的冠军地位；有时，我又变成那敢打敢拼的挑战者，有着中国男足那不怕失败、敢于挑战的精神；进入决赛时，又好似孙立人对阵林彪，两个常胜将军，胜负只在一念之间。狭路相逢勇者胜！谁退缩了，谁就失败了！因此，我的生活中处处充满刺激与挑战。

因为有你，我养成了勤于思考的习惯。

计算局势的变化，制订强硬的战术，揣测对手的心理，制订合理的方案，做出合理的猜想，最后便能钻研出准确无误的答案。

国际象棋，由象棋看到国际，把国际看作象棋。因为有你，我的生活更加美妙，我的生活更加充实，我的生活充满乐趣。

## 评　语

作者开头整齐的三句段让文章条理清晰，既表达了作者对国际象棋的喜爱，也表现了国际象棋对作者的帮助。但本文最为耀眼的，还是第四段中作者充分发挥自己的想象力和广博的历史积累举出的一个个事例，把"吕布""拿破仑""红军""诸葛亮""狼牙山五壮士"以及"林彪和孙立人"与国际象棋中的各个棋子的特点相结合，生动形象。第六段由古代跳到现代，举出了中国乒乓球和中国足球的例子，写出了自己在学习象棋中努力求生不怕失败的精神。全文语句通俗易懂，能深深地吸引读者。最后，以一句"国际象棋，由象棋看到国际，把国际看作象棋"升华主题，画龙点睛，使文章意蕴更加深刻。

# 成长路上的爱

2018届 初三（9）班 尹奕樊

　　她，是我生活中的一盏明灯，当我在成长的道路上蹒跚前行时，为我指明坚定的方向；她，是我初中三年的一座灯塔，当我在迷惘的大海里孤独浮沉时，为我带来努力的希望。她的眼睛如夜空般深邃，她的笑容又似三月暖阳。她，就是我的班主任赵老师。

　　她也是我们的语文老师，有着一身书卷气息，说起话来文绉绉的，不过有时候也说一些幽默风趣的笑话来活跃课堂气氛。她既是良师，也是益友；她教书，亦育人。

　　一次运动会过后，我们自发地组织了一场班级篮球赛。但是到了要开始比赛的时候，一群初三的学长们也过来了。这边比赛的哨声已经响起，但是学长们依然占着场地。正当我们愁眉不展时，赵老师挺身而出，去和学长们说明了情况。一时间火药味四起，赵老师一人孤军奋战，跟学长们极力争辩着，处于水深火热之中。我们看到这一幕，心中有一种说不出的难受，同时也对赵老师万分感激。每一分、每一秒都是那么焦灼。最后，赵老师不懈努力说服了学长们。我们的心终于放了下来，再一次全心全意地投入比赛之中。每一个人都在为胜利，为赵老师，为我们争取到的一切拼尽全力！最终，我们凭着坚定的信念赢得了这场比赛。

　　当然了，赵老师也有善良宽容的一面，对此我深有体会。

　　在一次语文课上，赵老师讲起了语法，大家都在第一时间拿出自己的笔记本，而我正在从书包里摸东摸西时，突然反应过来：我的笔记本正躺在家里睡大觉呢。我急得像热锅上的蚂蚁一样，怀着侥幸心理随便拿了个本子先应付着，但最后还是没有逃过老师的"火眼金睛"。一番"质问"后，我羞愧地低下了头。正当我以为耳边会响起"罚作文一篇"的声音时，赵老师却笑了笑，居然破例地将准备当作奖品的笔记本提前给了我。我愧疚的同时感激之情涌上心头，心中还夹杂着一种莫名的自豪感。这个笔记本是赵老师有一颗宽容之心最好的见证，赵老师对我的包容也像烙印一般刻在我的心中。我暗自下决心，一定要改掉我的坏习惯，不负老师曾经的宽容与期望。

老师是园丁，是我们的另一位母亲，这句话一点儿也不错。赵老师就是这么一位给予我们无限的爱的老师。她让我学习到许多的知识，让我从年少无知到一步步学会懂事，教给了我许多为人处世的道理，在我懵懂的年少时期给我指明了方向。她给我的初中生活、我的一生留下了最美好的印记，永远刻在我的心上。直到久远的将来，我将依然带着这份印记砥砺前行。

**评语**

"捧着一颗心来，不带半根草去。"这句话，大概是对教书育人、不求回报的教师最恰当的评价。文中的赵老师亦是如此，她以一颗善良、宽容的心对待学生，深深地触动了作者的心，以致作者起了"成长路上的爱"这样一个深刻表达他对老师敬爱的题目。作者以独特的视角，描写了学校中的两件小事，层次分明、感情真挚，语言生动幽默又充满趣味。"我的笔记本正躺在家里睡大觉呢"之类的语言，读起来不禁让人莞尔一笑。

# 生活因你们而精彩

2018届 初三（9）班 徐浩钧

时间的沙漏不停地流着，那些逝去的岁月，将成为我生命中最美好的回忆。

——题记

生活，像一面多棱镜，可以折射出七彩阳光；同时它又像一张多面镜，每个镜面或多或少都有一个人，每个人都会在你成长的路上陪你走一段路。有了他们的陪伴，生活才会精彩！

看着手中试卷上鲜红得刺眼的分数，失落的我心中涌起无限的叹息，老师给予的厚望、父母的期望、组长的叮嘱……一幕幕在我眼前闪过。哎，忧愁围绕着我。何以解忧？唯有成绩。

回到家，尽管沉重的书包压得我肩膀生疼，但疲倦的心早已把疼痛的感觉覆盖。母亲坐在沙发上，待我进门后抬起头来充满期待地问："考得怎么样？多少分？"我低着头用微弱的声音回答出那个令人大失所望的数字。接着就听到了一声悠长的叹息，我以为会有一场铺天盖地的责骂，但在长长的一段令人窒息的沉默后，传来母亲低沉却振奋人心的声音："努力吧，前两年你过于松散，我也没积极督促你，现在我们一起努力，为了将来不留遗憾。"在母亲的鼓舞下，我开始奋斗。此后，我开始上课认真听讲，积极完成作业，母亲也每天督促我。最终成绩虽然还是不那么理想，但是有所提高。听着母亲的夸赞，感受着同学们赞美的目光，我顿时明白了"千里之行始于足下"的意义。在母亲的陪伴下，我正在一点点进步。

感谢您，我的母亲，是您让我的生活又添了几分精彩！

　　历史课上同学们鸦雀无声，只有柴老师那平静却洪亮的声音在教室回荡。我正在想着中午吃什么，突然"啪"的一声，我的胳膊火辣辣的疼。我扭头一看，周镜如指着我说："跑神再打一次。"这一巴掌把我打回了历史课，我只好打起精神认真听讲，殊不知就是这次讲的小小知识点，在考试中帮了我一个大忙。

　　放学后我常常在班上写作业，遇到难题，总会去向黄慧欣同学求救。她每次看到我过去就会放下手中的笔给我讲题。她的耐心与认真感染了我。她并没有直接告诉我答案，而是循循善诱，直到我完全理解。渐渐地，我解题越来越快，脸上也扬起了笑容。

　　感谢你们，我的同学们，是你们为我的生活增添了几分精彩！

　　像他们一样的人在我的生命中还有很多很多，是他们让我感受到平淡生活中奋斗的意义，同时给我的生命增添了光彩。

　　时间的沙漏还在不停地流着，在我身边有很多已经出现的和即将出现的人陪伴着我，陪我走过春夏秋冬，历经寒来暑往。因为有你们，我才会一点一点进步着，感受到生命的精彩！我的生活，因你们而精彩！

## 评 语

　　开头和结尾运用比喻将生活比作沙漏——"时间的沙漏不停地流着，那些逝去的岁月，将成为我生命中最美好的回忆！""时间的沙漏还在不停地流着，在我身边有很多已经出现的和即将出现的人陪伴着我，陪我走过春夏秋冬，历经寒来暑往。因为有你们，我才会一点一点进步着，感受到生命的精彩！"，首尾呼应，点明主题"生活因你们而精彩"。中间运用了五段式结构，先写母亲鼓励我努力学习，让"我"的生活精彩，再写同学在历史课上督促"我"和放学后解答"我"的问题以及他们的帮助，让"我"的生活精彩。语言优美，感情真挚，体现了作者对亲人同学的感激，字里行间中也能感受到作者乐观、坚持不懈的精神，成功地感染了读者，让读者也拥有积极向上的心态、努力奔跑的力量。

# 长大的感觉

2018届 初三（9）班 陈志轩

成长，是人生路上的一扇大门，当青春变成了旧照片，当旧照片变成了回忆，上帝推开了它，等待我们含着泪踏入。它像一首乐曲，初听不知曲中意，再听已是曲中人；又像香茗，初尝微带苦涩，回味便是浓郁的清香。

三年前的九月，初秋的风拂动着地上那微微泛黄的落叶，也拂动着我那满怀激动与欣喜的心。初一（9）班，当我准备踏入这个班级时，我愣住了，眼前是一张张陌生的面孔……一切都是新的，这让我措手不及。忽然，一阵清风迎面而来，树上的黄叶悄悄落下，黄叶默默地包围了整个校园。是啊，直到这时，我才忽然意识到，我已经上初一了，初中的长跑已默默地打响了起跑的信号枪，而我不知不觉间已经长大了。

长大，是一切都那样猝不及防的感觉。

猝不及防间，成长悄然来临。烈日炎炎的夏天，万众瞩目下的校运会拉开了序幕。两百米的赛道是那样的短，短到一次失误都将决定这场比赛必输；可它又是那样的长，长到就像看不见尽头的未来。"各就各位，预备，跑！"五位运动员像离弦的箭一般向前奔去，健步如飞。不一会儿就到了弯道，每个人都努力拼搏着，谁也没有慢下来。过了弯道后，有一个人慢下来了，无声中，不知经历了什么。汗水从我的脸颊滴到灼热的跑道上，我眉头紧锁，眼睛死死盯着前方似乎在无限延伸的跑道，心中却盈满了无奈与痛苦。我的双腿像灌了铅一样，举步维艰。四周似乎一片寂静，只剩下我那凌乱的脚步声。天空好似不曾有过鸟儿，一切都像静止了一般。当我缓慢跑过终点时，我倒下了。

模糊中同学们出现在我眼前，将我扶回了班级。看着别人夺冠的欣喜，我知道，我失败了。我的心中充满了痛苦与悲伤，但我也清楚地认识到了自己的不足，寻找到继续努力的方向，或许，这就是成长。这一路我走得跌跌撞撞，哭过笑过也曾受过伤。无妨，来世上走一遭，总得带点伤，才对得起年少轻狂。

长大，是学会承受失败的感觉。

从懵懵懂懂到独立自主，从知难而退，到一路披荆斩棘。从失败中成长，跨越重重荆棘，在旅途中遍体鳞伤。感受人生中的酸甜苦辣，这便是长大的感觉。

## 评语

　　成长，是人生路上必经的旅途，是青春永远的课题。"它像一首乐曲，初听不知曲中意，再听已是曲中人；又像香茗，初尝微带苦涩，回味便是浓郁的清香。"就像作者所说，长大的历程并不全是一帆风顺，更多的是坎坷不平，甚至需要翻山越岭。或许我们经历时总不停遭遇挫折，仍负重前行。过后回忆，却能品出一丝冰凉的甘甜。作者从初一入学的不知所措写起，用优美的文字，将读者带回那个令他有些茫然的课室；接着又写了紧张刺激的运动会，生动的细节描写使读者的心都随他一起飞到了漫长的赛道上。"初秋的风拂动着地上那微微泛黄的落叶，也拂动着我那满怀激动与欣喜的心"以及"天空好似不曾有过鸟儿，一切都像静止了一般"这样的环境描写，恰当地衬托了人物的心情，使文章锦上添花。长大的感觉是什么？作者在结尾已写出了他的回答——"从懵懵懂懂到独立自主，从知难而退到一路披荆斩棘"。或许，成长就是一种明知山高水长、前路漫漫，甚至荆棘丛生，仍要砥砺前行的感觉吧。

# 奔 跑

2018届 初三（9）班　黎逸轩

　　王国维先生曾在《人间词话》中说："古今之成大事业、大学问者，必经过三种境界：'昨夜西风凋碧树。独上高楼，望尽天涯路'，此第一境也。'衣带渐宽终不悔，为伊消得人憔悴，此第二境也'。'众里寻他千百度。蓦然回首，那人却在，灯火阑珊处'，此第三境也。"其实，若我们想让生活中的困难迎刃而解，最终取得成功，也需达到这三种境界。

　　"昨夜西风凋碧树。独上高楼，望尽天涯路。"

　　"31秒32。"这个从体育老师口中喊出的成绩仿佛给少年下了末日审判书一般。初三下学期伊始，200米体育测试便给了少年当头一棒。

　　"终于满分了，看来这个假期的200米没有白练呀……"耳畔传来其他同学兴奋的讨论声。少年的眼前浮现得满分的他们在操场上冲刺的身影。看着他们通过自己的努力取得理想成绩而脸上流露幸福的笑容时，少年咬紧嘴唇，暗下决心。

　　既然已有抉择，便不必犹豫，摆脱纷扰，只一心改变，"独上高楼"，踽踽独行又何妨？"既然目标是地平线，留给世界的只能是背影"。

　　"衣带渐宽终不悔，为伊消得人憔悴。"

　　既然已有抉择，便执着地跑下去，义无反顾，只一心努力。于是，在每天的晨跑中，少年在小腿上绑着沙袋，紧跟着晨跑队伍的步伐，即使在最筋疲力尽的时刻也丝毫不松懈。在体育课250米的日常练习上，少年每一次都不遗余力地冲刺，一遍又一遍地激励着自己。每天下午放学后，学校赤红的操场上总有少年挥洒汗水的身影。即使毒辣的太阳灼伤了少年的皮肤，狂风暴雨击伤了少年的翅膀，少年依旧坚定不移。

"众里寻他千百度。蓦然回首，那人却在，灯火阑珊处。"

"亦余心之所向兮，虽九死其犹未悔。"既然已有抉择，便"听从你心，无问西东"，心无杂念，只一心奔跑。当你蓦然回首时，便无愧于心。

体育中考考场上，烈日当空，校园外盈满枝头的木棉花像是也受不了这般炎热，一个晃神，就被风挟着重重地砸在地上，正如少年额角汇聚成流的汗水一般向下坠落。少年看着依稀可见的终点线，即使每个动作把全身筋脉都扯得生疼，少年依旧目光坚定，奋力向前奔跑……

体育中考满分！这个原先可望而不即的目标，如今竟在不知不觉间就达成了。

如今，坐在考场的少年自信地答完试卷，放下手中的笔杆，眺望窗外的风景。他即将踏上一段新的征程。

少年不再彷徨。

## 评 语

全文有两大亮点：一是运用第三人称进行叙事，读起来像是小故事，悬念层叠，很好地激发了读者的阅读兴趣；二是巧妙地将王国维先生的人生的三种境界穿插在行文中。"昨夜西风凋碧树。独上高楼，望尽天涯路。""衣带渐宽终不悔，为伊消得人憔悴。""众里寻他千百度。蓦然回首，那人却在，灯火阑珊处。"既暗示了主人公的成长，又丰富了文章的内容，使文章富有文学趣味。总之，文章结构清晰，内容充实，语言优美，是一篇佳作。

# 奔跑吧，男孩

2018届 初三（9）班 郑植升

春夏交替的光景，天气还不算特别炎热，时不时有微风拂过，木棉影影绰绰地盈满枝头，正是一年中难得的好时节。可这样的日子也标志着中考的临近，我在每天的晨露与夕阳中不断地为未来努力着。

放学后，偌大的操场上零零散散分布着一些留下来锻炼的人们。他们有的迎着疾风在奔跑；有的紧攥拳头握住杆子试图再做一个引体向上；也有的完成了自己的目标，正和朋友坐在操场边的台阶上喘着气休息。

我手里捏着刚发下来的试卷，途经操场，在夕阳的余晖下迈着沉重的步伐正往家走去，侧头看见他们努力训练的身影，禁不住叹了口气。近来考试日渐频繁，周围的同学都在日复一日的复习中慢慢进步，我的成绩却总是不尽如人意。卷子上鲜红的分数刺痛了我的双眼，我的腿也好像被东西拉着一样，一步比一步沉重。可再怎么尽力放慢步伐，我还是到家了，望着这毫无生气的大门，仿佛它也流露出对我的失望。我卸下书包，攥着已经有些变形的试卷，慢慢俯身坐在了冰凉的门台上，心仿佛也跌入了冰窖。"又考砸了，怎么办啊！"

内心浮沉间，耳边忽然传来妈妈熟悉的声音："呀，你怎么坐在这儿啊。"妈妈从门内探出了头："等你等了好久了！饿了吧？赶快进来吧。"我知道她一定已经从老师发布的消息中知晓了我的成绩，可她的言语中却没有一丝批评的意思。我看看妈妈，她眼角眉梢明显的皱纹诉说着她的操劳和辛苦，但眼中却溢满对我的关心与期望。我的内心不断地挣扎着。

"对不起，妈妈！"我垂下了头，把手中的试卷递给妈妈："又让你失望了。"妈妈并没有伸手接，她自始至终只是温柔地盯着我。顿了一会儿，她语重心长地开口："没关系，失败是暂时的，继续努力就可以了。你要用自己的努力把分数一点一点拿回来。"妈妈说道。

我明白了，我要努力。

从那以后，我便开始认真地学习，不再和同学们疯跑疯玩。我相信，总有一天我可以用努力让妈妈对我的期望变成现实。

有人说，最美的时光在初中，可我已经走完了大半的路程，却忘记欣赏沿途的风景，忘记放慢脚步和他们肩并肩地行走。而在这最后的路程中我会加快脚步，勇敢地拼搏，朝着前方奋力奔跑。

这就是初三，我对自己说："这可能是黎明前黑夜的痛苦和煎熬，但只有经过精心栽培才能开出最娇艳的花朵，这一切都是值得的！"

每走一步，我就知道我离我的终点，我的黎明，我的花开，又近了一步。

让过程更加精彩，让结局不留遗憾。奔跑吧，男孩！

## 评语

　　本文记叙了作者一次考试失利后心中的所想所感。运用了侧面描写手法，用操场上同学们运动的场景反衬作者的不甘和懊恼；还运用了各类修辞手法，如"望着这毫无生气的大门，仿佛它也流露出对我的失望"，更深刻地表现了作者内心的慌乱；运用了适当的细节描写，使文章更加生动，尤其是对妈妈面部特征以及神色的描绘，凸显了妈妈对作者的关心和期许，从而引出下文的对话，使作者受到鼓舞，最终下定决心努力奋斗。整篇文章描写较为生动，但希望立意能够更加新颖。

# 触动我心灵的那道风景线

### 2018届 初三（9）班 曾维烨

当听到我们年级（2）班与（9）班组成的校方块队在区运动会中取得建校以来最好成绩的喜讯时，我却并不感到意外与吃惊，当然心中还是充满汗水浇灌成功的欢欣与喜悦，毕竟结果不负过程的努力。时隔已久，我仍不会忘记多少个黄昏渐变的天幕下那道美丽的风景线。

还记得下课铃声一响，全班同学就不约而同地到操场集合，等待着教官和老师。教官身穿迷彩服，潇洒挺拔，威风凛凛。在他的示范、指挥下，我们带着全校师生的厚望，迈着矫健的步伐，踏进区运动会会场。为了方块队的训练，我们不得不牺牲宝贵的自习课时间，在空旷的操场上，扯着嗓子喊出响亮的口号。多少个放学后的时光，其他班男生争先恐后地打篮球，女生勾肩搭背地走出校门，而我们则在炎炎的烈日或阴郁的苍穹下坚持完成我们的任务，不曾有一句怨言。临近考试的日子里，我们紧张的心丝毫不敢懈怠，只能在解散时短暂的歇息中背诵着那几首耳熟能详的诗。看着操场上的人群逐渐散去，看着同学们的脸庞在愈来愈暗的苍穹下渐渐模糊。凄凄秋风下，单薄的校服也难以抵挡瑟瑟寒意。教学楼里昏黄的灯光倏地亮起，校园已静寂无声，唯有班里的灯光亮着。我们缩着脖子，机械地踢着正步，敬礼，心已等不及想要回到温暖的家。只待教官一声令下，我们便一哄而散。刹那间，只剩下几瓶矿泉水伫立在原地，口号声仿佛仍在操场回荡，我们的影子也仿佛仍在操场的地面上移动。

日复一日的训练，随着动作越来越娴熟，步伐越来越坚定，队列越来越整齐，教官从起初的屡次呵责变为赞誉有加，操场上过往的同学也投来赞许的目光。

那段辛苦却值得回忆的日子，这道风景线每天都停留在操场上，从未间断。那脚步声仿佛要踏穿操场般响彻云霄，那口号声仿佛震荡天空般响遏行云。

这可能是我们的第一次也是最后一次，在人群逐渐稀疏的操场上，在逐渐暗淡的余晖中，排着整齐的队列，踢着漂亮的正步，喊着响亮的口号。近处，几个过路的行人驻足观望；远处，几只飞鸟在震天动地的响声中冲上云霄。这道风景线，深深镌刻在我的心底。

## 评语

本文采用倒叙的写作顺序，先写获得荣誉的喜悦，但"我"却并不意外和吃惊，从而引出下文。下文描写了"我"和同学们辛苦但乐在其中的训练情形，通过描写放学后散去的人群，脸庞逐渐模糊，教学楼的灯光倏地亮起，校园静寂无声，写出了时间的推移，也从侧面衬托出同学们训练的艰辛与劳累。"口号声仿佛仍在操场回荡，我们的影子也仿佛仍在操场的地面上移动"表明这段训练的时光在作者心中留下了深刻的印象，难以磨灭。结尾通过写近处的行人和远处的飞鸟，暗示我们的训练取得了很好的成效。"这道风景线，深深镌刻在我的心底"既点明了题目，又流露出作者深深的怀念之情。生活中总有那么一道风景线，让人看了便移不开眼，让人终生难忘。虽然这道风景线并不是秀美的山川、奔流的江河，只是一个不起眼的队列，但它记载了一段共同奋斗的美好光阴，编织了一段独属于作者自己的难忘回忆。

# 那对木马

2018届 初三（9）班　徐远源

时光似水流年。我懵懵懂懂度过了这几年，有一天却突然惊觉，我似乎一直停留在原地，不曾改变。

晨起梦未醒，我徘徊在那铺着石板路的街边，不知道该去哪，也不知道该做些什么，蹉跎着岁月。往前走着，不经意间走到了那对一红一绿的木马边，我不禁驻足沉思。

曾经在这两个木马上，有一个小孩不小心摔在地上，号啕大哭，另一个小孩便拿出两颗糖分给他。他们坐在木马上晃啊晃，时光便在木马的摆动中悄悄溜走了。他们一起吃棒棒糖，笑声荡漾在时光里。可如今此处却早已无人问津，上面铺满了灰尘。我低着头，努力回想那个陪我在此度过无数快乐日子的另一个小孩是谁。翻开手机，一张模糊的照片唤醒了我的记忆。随着一年年度过，你像树叶一样随着风一次又一次飘到那离我更远，比我更高的地方。而我，只能抬着头望着你远去。可这都是从什么时候开始的呢？

一个遥远而平常的午后，我们走在前往学校的路上。在马路的对面，那闪烁的绿灯像是一个催促着我们的老头不停地叫喊着，你着急而紧张地小跑着过去，而我却抬着头欣赏着那漫天飞舞的木棉，优哉游哉地漫步走着。可当我走到斑马线旁时，灯变红了，你在对面与我傻傻对望。是从这次，我们开始有差距了吗？

还是那个遥远得我几乎记不清的早晨，我们一同去中心图书馆学习，还没开馆，门口早已排了一条长长的队伍。我们好不容易进入馆中，又寻找了很久的座位。终于，一个二连坐的座位出现在我们眼前，你着急地大步向前走去，生怕失去这么一个难得的位置，而我却觉得你这样的行为很好笑。可就在一刹那间，一阵急促的脚步声从我后面传来。他绕过我急忙坐下，我站在原地有些不知所措。是这次，让我们的差距更远了吗？

三年前的那个晚上，你在QQ上问我要不要和你一起去考你所想上的初中，虽然有挑战，可是只要努力一个多月，还是有很大希望通过考试的。但我却说："上个学位房旁的学校不好吗？离家近而且压力小。"然而在初一报道的那天，我在名单上寻找着你的名字却怎么也找不到。后来我才得知，你顺利考上了理想的学校。这时，我们的差距确实越来越大了。

我懵懵懂懂度过了这几年，在这一天却突然惊觉，我似乎一直停留在原地，不曾改变。只是那时红了樱桃，绿了芭蕉，我们越走越远，似乎全是因为我的不肯冲、不肯跑。那天，你告诉我你想上的那所初中，我也不知道为什么，只是觉得那离我很遥远。

望着那对木马，我第一次有了想要追逐你那渐行渐远的身影的冲动，因为，我真的很想和你一起长大。望着你的背影，我开始努力奔跑，期待我们并肩的那一刻。

## 评语

　　本文作者开头以看见路边的木马开头，从而引出回忆中童年的事，描写了童年时"我"与小伙伴一起玩耍时发生的事。然后按时间顺序，随着年岁渐长，描写了我与小伙伴之间的距离渐行渐远、差距越来越大的一幕幕，表现了作者心中的茫然与失落。从过马路、去图书馆、QQ聊天等小事中，作者细心地发现了自己与伙伴拉开距离的原因，那就是自己的不肯冲和不肯跑。由此，作者开始调整自己的心态，开始努力奋斗与拼搏，开始踏上新的征程。结尾段表明了作者的决心和坚定的信念，有意味深长之感。开篇的描写也凸显了作者优美的文笔，标题作为线索贯穿全文。全文结构完整，行文流畅。

# 玉龙雪山之行

2018届 初三（10）班 颜枫桥

　　银装素裹的千年雪峰，气魄不凡，似乎要割断碧空。淙淙的溪水从雪山深处而来，汇成一弯月牙嵌在这谷底。站在山巅，回眸往事，不负青春。

　　仰头还望不见峰顶，我的双腿却早已颤颤巍巍。一家人来玉龙雪山旅游，本以为是一场美丽的邂逅，未曾想变成了对身心的折磨。我在心里打起了退堂鼓，出发时那满腔热情在看到如此高峻的雪山时荡然无存。

　　我大口呼吸着稀薄的空气，冷意充斥全身，血液仿佛失去了温度，手心上布满密密麻麻的冷汗，僵硬的身体在对精神反抗，但是我却无法停下脚步，因为这路上的坎坷不能阻挡我，这是青春的不屈。

　　晕晕乎乎间，玉龙雪山终于到了。清晨的太阳还未曾完全升起，天蓝得纤尘不染，雪山上只有几抹轻纱一样的浮云，烟一样漫卷着。此刻，雪山像是一位美丽圣洁的裹着白纱的仙女，静立于蓝天之下。一绺白云环绕，高贵典雅。于是我们怀揣着一颗虔诚无比的心，朝着这圣女走去。突然，太阳升起来了，千年雪山在阳光的照射下熠熠生辉，霞光万丈。此刻，我已忘记自己仍然感冒，忘却了旅途的奔波辛劳，内心只有感恩和庆幸自己最终选择坚持来到这雪山之中。距雪山顶峰愈近，我的心跳愈快，我终于靠近了这梦中的女神。站在山顶上，雪峰的静默从四面八方袭来，使我肃然起敬，于静默中感受天人合一的圣洁。蔚蓝的天空中，云朵翩翩起舞。一束阳光划破天空，苍穹在白雪的反射下显得尤为旷远……

　　我的心中似有一团火焰在燃烧，双腿也已不再颤抖，眺望着灼热的红日，我高声呐喊，宣泄我心中的激情，宣泄我心中的骄傲。

一路下山，一路归途，我依旧沉浸在玉龙雪山的银装世界中。在氤氲的空气里，我仿佛听到对我青春的呼唤。匆匆回眸，玉龙雪山总是以一种若即若离，忽远忽近的姿态，端庄地屹立着……

### 评 语

本文运用倒叙的手法，将站在山巅的风景以唯美的文字描写出来，随后切入作者在攀登时身体的痛苦和心灵的绝望——"我在心里打起了退堂鼓，出发时那满腔热情在看到如此高峻的雪山时荡然无存""仰头还望不见峰顶，我的双腿却早已颤颤巍巍"。接着话锋一转——"我却无法停下脚步，因为这路上的坎坷不能阻挡我，这是青春的不屈"，显露了作者顽强的精神。最妙的是作者下一段的环境描写，以仙女比喻雪山，隽永的文字使雪峰之美一览无遗，烘托了他此时的欣喜若狂。结尾再次呼唤青春彰显了作者对青春的态度。

# 味 道

2018届 初三（10）班 邱一玲

　　味道是一种审美，是一种格调，是一种气质，将味蕾嫁接上思想，味道就会变得丰富多彩："腹有诗书气自华"是一种味道，"窗含西岭千秋雪"别有风味；踏雪寻梅是一种味道，"门泊东吴万里船"妙味横生。"三防"的味道也让我流连忘返，让我会心一笑。

## 苦

　　"三防"虽说训练强度不比军训，可也绝不可能轻轻松松。"三防"虽然是分专业进行训练的，但是我敢说没有哪一个专业是轻松的——都要一直练到半夜。学格斗的同学一阵阵气势雄浑的吼声才刚刚消失；学习消防演练的同学便开始在尘土满天飞舞的地上摸爬滚打，也许他们早已在这凹凸不平的地上练得遍体鳞伤，却依旧坚持完成每一次任务。学习包扎的我们也被这烦琐的任务伤透了脑筋：纱布不能乱打结，还要打紧，包扎得要美观，被子要叠成标准的豆腐块，床单要铺整齐……这些教会了我们什么是纪律，该怎样严格要求自己。

## 甜

　　虽说"三防"是在兵营生活，但还是有很多乐趣的。晚上的活动丰富多彩：看电影、举行知识竞赛、开联欢晚会……我们度过了一个又一个多姿多彩的夜晚。最让人激动的就是联欢晚会了，每个班出几个节目，同学们脱下军装，穿上华丽的演出服，又是唱歌，又是跳舞，好不热闹。清脆的歌声和欢快的舞步交织着，欢声笑语笼罩在军营的上空，照亮了这个美妙的夜晚，也滋润了劳累了一天的我们。

## 酸

在"三防"的最后一天，我们进行了一次团队过浮桥活动。每个班让几个同学扛着木板条，其他同学要从木板上爬过去，脚不能踩到木板，一有犯规所有人就要重来。细细想来，一个人所有的重量都得压在两个人的肩上，扛木板的同学肯定支持不住。这时候，班长说："大家快去后面帮他们抬着木板。"于是，除了正在爬木板的同学，我们班几乎所有同学都在扛木板、分担重量。我不知道这么做是否符合教官的指示，但我知道，只有这样，我们才有最大的力量扛得起整个班。长长的木板上渐渐地又搭上了几双手，那座木桥也越发坚实起来。虽然我们此时身处木板两侧，但我们的心却紧密地连在了一起，因为我们是一个连，是最团结的连！

五天虽短，短到我们的味蕾还未来得及品尝军营中的酸甜苦辣，可"三防"这一场人生的盛宴，却为我们带来了不同的味道，也为我们勾勒出人生最精彩难忘的一笔。

**评语**

本文中心明确，紧紧围绕"味道"记叙了"三防"中发生的充满不同感情色彩的三件事。第一件事以排比的手法精彩而简洁地写出了"三防"时期的"苦"；第二件事以"清脆的歌声和欢快的舞步交织笼罩在军营上空，照亮了这个美妙的夜晚，也滋润了劳累了一天的我们"简单结尾；文章详写第三件事——浮桥的"酸"。内容的详略得当以及小标题的合理使用，使文章层次分明，从而给文章增色。同时，在首尾引用《朗读者》的卷首语和开篇词，从而体现了小作者广泛的知识面，进而使文章首尾精彩且充满哲理。"三防"生活的确多姿多彩，富含各种味道，因此文章的语句十分耐人寻味。

# 感 动

2018届 初三（10）班　陈玟霖

"今天就要体测了！"被妈妈叫起床的我，揉了揉睁不开的眼睛，想到这件事，瞬间惊醒。

今天，我们要去红岭中学进行体育模拟测试。已经近三周没跑过步的我，想到这件事就心慌不已。更让我没料到的是，出师不利：明明是星期六下午一点多，路上却被堵得水泄不通。我低头看看表，已经过了五分钟了，车却还是没有挪过面前那个红绿灯，不由得更加心烦意乱。

紧赶慢赶终于到了红岭，待我气喘吁吁地跑到班级旁，全班已经等了20分钟了。我的脸瞬间红了，低头默默等待着，却不见同学们那排山倒海的埋怨与批评。我惊讶地抬起头，那一张张笑脸好像一丝丝清凉的春风，轻轻吹拂着我烦躁的内心。

我的烦恼不由得少了一分，跟着同学，向体育馆迈开步伐，准备考仰卧起坐。

到了体育馆，首先映入眼帘的就是几块垫子后面那六个齐刷刷站着的老师，个个都板着面孔，黑色的眸子闪着冷酷的光，一看就绝非善类。大家不由得吞了一口口水：没想到碰上了这样的老师，倘若我们仰卧起坐做得不标准，怎么办？我们只得暗暗给对方加油。

果然，不出所料，纵使我们咬紧了牙关，铆足了劲儿，流的汗都要把垫子打湿了，每个人做的个数却还是被扣掉了五六个。再加上记分老师的失误，面前那分数，怎一个"差"字了得！大家个个垂头丧气，想到老师失望的眼神，家长焦急的话语，还有马上就要经历的800米考试，更是直接破罐子破摔得了。

　　我们一个个都低垂着头，耷拉着手，一步一步向操场缓缓挪去。

　　近了，近了，终于到了。初一（2）班的同学正在跑步，只见他们，一个个健步如飞，通红的脸上爬满了汗珠，却挂着自信的微笑——哪像我们呢！心中更是失落。我们正慢吞吞地贴着数字标签，却见沈灵突然一声大喊："打起精神来！"瞬间，大家都抬起了头。于是，沈灵又不失时机地提议道："大家一起加下油吧！"大家正不爽，寻到了发泄口，个个都扯着嗓子，声嘶力竭地大吼："加油！"石破天惊，响彻云霄，直引得等候区的同学纷纷回头。我们相视而笑，之前的沮丧荡然无存，一种说不出的信念，迅速在我们心中生根发芽。

　　"嘿，看那个人啊，你可别学他跑。""过弯道时可别加速，一定要稳住。""喝口我的红牛再跑呗！"同学们你一句、我一句议论开了，跑步的宝贵经验被互相传递着。不一会儿，人人心中都有了一份严密的跑步规划。原本萎靡不振的我瞬间振作了起来。"怕啥，不就是三周没跑吗！"我自信地想着，和别人相互击掌，挥舞着双拳向起点线进发。

　　"各就各位——预备——'啪！'"我迈开腿，奋力向前冲去，只感到风呼呼掠过耳旁。"加油！加油！"余光扫过路旁，原来是我们班的男生。"哈，这群人怎么不打篮球了？"我的嘴角微微上扬，心里暖洋洋的。

　　很快，我已过了第二圈。我拼尽全力，如一枚发射的火箭，仰天长啸，直冲到第一。"好！好！"男生们又喊了起来。"再喊大声点！"我一边想着，一边向终点线发起最后冲刺。"20米……10米……到啦！"我在一片欢呼声中冲过终点，还没来得及瘫倒在地，双臂就被架到两个人的肩膀上，手中也不知怎的多出了一瓶水。"牛啊！强啊！"同学一个又一个为我喝彩，听到他们对我的鼓励，那一刻，笑容在我的脸上绽开了。

　　回家的路上，我们说说笑笑。窗外正是艳阳天，夏风顽皮地划过窗子，我却不想把窗打开。不是怕外面的燥热，而是不想让我们的欢声笑语在夏风中消散。然而，夏风啊，纵使我们的欢声笑语终要被你带走，你却带不走我们团结的力量。

## 评语

本文语言诙谐生动，文笔优美。

本文以"我"和同学的心情变化为线索，生动形象地展现了集体团结的巨大力量。文章开头，先写堵车使自己心情变糟。接着，通过叙述同学的宽容驱赶了自己心中的烦闷，第一次展现集体的力量。这是第一重波澜。然后，通过描写仰卧起坐失败带来的沮丧再一次被同学之间的相互加油所驱散，又一次突出了集体的巨大力量。最后，通过写"我"跑步时男生的加油，冲过终点线后同学们的祝贺与帮助，将团结的力量升华到了顶峰。

文章结尾，通过将夏风拟人化，表达了团结力量的坚不可摧，同时，也使文章更富有色彩。

# 错 过

2018届 初三（10）班 张中洋

人生的路上，有些人走，有些人跑。走的人，走着走着，错过了终点的红旗飘飘；跑的人，跑着跑着，错过了路旁的风景。错过啊，不管是走快走慢，为何总要遇到你？错过啊，为何，你要拨弄我的心弦，弹出一曲忧伤？

"丁零零，丁零零——"一阵刺耳的声音传入我的耳朵，我奋力尝试着将他们驱赶，可最终它还是战胜了我。我迷迷糊糊地睁开眼，刚想拿起手机看一下天气预报，却硬是被手机屏幕上的10：40的大数字惊到了。原本浑身困意的我瞬间精神起来，急急忙忙收拾完，便立刻背上包，出了门。

今天是我竞选主持人的日子，每一个选手必须在11：30前到达指定地点。

我急匆匆地跳下巴士，顾不得擦一下满头的汗，就向会场跑去。但迎接我的却是那铁青着脸紧锁的大门——太晚了！内心残存的希望蒸发殆尽，前一天晚上背的稿子、配的音和找的伴奏，刹那间像泡沫一样消失在我的眼前。

我曾经看见一个女孩努力地去吹泡泡。她试了千次百次，终于让那泡泡有了绚烂的色彩，然后——眼睁睁地看着它们破裂。她大概认为这些并不重要吧！但当我发现那个女孩正翘首望着别人的泡泡时，我才明白她并不是不在意这些"泡沫"，而只是没能将它们保护好。我又何尝不是这样呢？我不觉想起罗曼·罗兰的一句话："如果有人说错过机会，多半不是机会没来，而是等待机会者没发觉机会的到来。而且每当机会过来时，都没有伸手去抓住它。"多贴切的一句话啊——用在我身上！竞选主持人这么重要的一件事，机会就摆在我面前，而我却因为起晚了这样一件鸡毛蒜皮的小事就错过了它，多不应该！

我正暗自神伤，却突然记起明天的钢琴10级考试。苦练三年，明天就是最后一搏。而如果没有今天的错过，按我的性子，怕是明天又要迟到吧。想到此处，我顾不上伤心，赶紧拿出手机定好了五六个闹钟，并一再提醒自己：早起！

果不其然，第二天，当我按掉闹钟又要进入梦乡时，昨天的那种挫败感，一下迸发出来，把我揪下了床。

看来，错过，或许是另一种收获呢！

这次的错过是偶尔的失误，但我错过的却是那舞台上永远的遗憾。然而，也正是那次错过使我有了更多的机会。因为自那以后，我珍惜每一次机会，避免再出现让自己遗憾的事。而当我再次面对错过，我总会在脸上摆出一个淡淡的微笑，却在心里烙下一个深深的印记。因为，就像泰戈尔说的："如果错过了太阳你流了泪，那么你也要错过群星了。"而那些在人生路上奔跑或行走的人，纵使错过，若是不去悔恨，至少，还能收获成功的喜悦，抑或是，那青草丛中的春风。

### 评 语

该篇文章事例鲜明，意蕴深刻。

第一段中，用人生道路上的行者与跑者来引出"错过"这个主题。接着，第二、三、四、五段叙述自己错过主持人竞选这件事，巧妙地将之比喻成一个女孩"眼睁睁地看着它们破裂"来表达自己的悲伤与失望，并为下文的心情转变做铺垫。

第六、七两段中，作者叙述自己因这次错过而没有再一次错过钢琴考试的事，点明了文章的主旨——错过是另一种收获。

末段是对前文的总结。作者介绍了自己对错过态度的变化，并引用泰戈尔的话，再次运用行者与跑者的比喻，既回扣第一段，又使文章更有诗意。

# 原来我不懂

2018届 初三（10）班 汤景皓

　　动植物的繁衍是为了生命的延续，太阳的东升西落是为了让人们享受到光明和黑暗……但这世上还有很多我不懂的东西。

　　原来，我不懂得"不积跬步，无以至千里；不积小流，无以成江海"的道理，直到那次比赛。

　　小时候，老爸天天盯着我锻炼，我越偷懒，他就逼我锻炼得越狠。有一次班上举行掰手腕大赛，看到同学们激烈的对战，我不免有一丝紧张和担忧。终于轮到我了，我的对手是一个在班上力气较大的胖子，我暗自做好了最坏的打算。比赛开始了，抱着"反正用全力也掰不过他"的想法，我只用了一点点力。结果过了半天，他的力量硬是没超过我。他的表情从一开始的满不在乎，到面带惊讶，再到满脸严肃，最后充满疲惫。一瞬间，我充满了力量。"啪"的一声，胖子的手无力地倒了下去，我赢了！原来，滴水穿石不是因为力量，而是因为有坚韧不拔、锲而不舍的精神。

　　原来，我不懂得"近朱者赤，近墨者黑；声和则响清，形正则影直"，直到那次考试。

　　考试前，我想找朋友一起复习。我先找了一名成绩较差的朋友，当我提出我的想法时，他却心不在焉地敷衍我说："有什么好复习的，随便背一下就可以啦！"我只好找到一名成绩较好的朋友，只见他静静地翻看着错题本，神情专注而严肃。他一看到我来，就拉着我以提问的学习方式来加深印象。经过一下午的认真复习，原本模糊的知识点在我脑海中逐渐清晰起来，我对考试充满了信心。原来，"交朋友必择己者。讲贯切磋，益也；追随游玩，损也"。

原来，我不懂得"独在异乡为异客，每逢佳节倍思亲"所蕴含的浓浓思亲之情，直到那一次我跟朋友去旅行。

一开始，我兴高采烈，觉得处处都是美景，一路上跟朋友说说笑笑，丝毫没有厌倦感。但渐渐地，一路的风景似乎没那么有吸引力了，跟朋友谈论的话题也似乎空洞而乏味了。一种说不出来的空虚笼罩着我，它时不时地侵蚀着我的心灵。渐渐地，我意识到，我这是想家了，想妈妈了。我不禁回想起妈妈给我的种种关怀：妈妈每天变着花样给我准备一日三餐，让我拥有健康的身体；当我遇到挫折时，妈妈柔声鼓励我不要放弃；当我取得进步时，妈妈为我开心，同时嘱咐我不要骄傲……我心安理得地接受着这种关怀，却忘却了如何珍惜。幸好，我还年轻，还有时间去懂得、去回报。那次的旅行，让我懂得了亲情是宝贵的财富。

坚持，使我成功；择友，使我进步；亲情，使我成长。

我将携带着这三样珍宝，扬起梦的风帆，继续驶向远方。

### 评 语

　　这篇文章先以"动植物的繁衍""太阳的东升西落"等自然现象引出"原来我不懂"的话题。第二至七段运用了典型的五段式结构，以小段旁征博引——"不积跬步，无以至千里；不积小流，无以成江海""近朱者赤，近墨者黑；声和则响清，形正则影直"，以大段事例（"交朋友必择己者。讲贯切磋，盖也；追随游玩，损也）丰富了话题，并列"坚持""择友""亲情"三个方面进行叙述，在结尾处加以自己的议论与抒情，大段与小段结合起来，使文章结构严谨、中心明确。

# 在习棋之路中成长

2018届 初三（10）班 崔 冰

下棋，向来是爷爷所喜欢的，如今却被当作必修功课传授给了我。起初，我对下棋这件事不以为意，但走在习棋之路上，我认为我成长了许多。

我一直很讨厌下棋，因为我不喜欢下棋者的磨磨蹭蹭，更不喜欢胜利者的沾沾自喜、扬扬得意。但父亲看出了我的伪装，看到了我在看别人下棋时些许的羡慕、些许的渴望。就在那一天，父亲对我说："想要得到成功，前提是你要敢于尝试。"于是，我踏出了第一步。

父亲教会了我下棋的规则，还要求我背一些棋谱。起初，我只是与电脑作战，初尝胜利的快乐。有些时候，仅仅需要几个棋子便可吃光对方，我不禁开始认为下棋竟是如此简单的事情。但是好景不长，我与爷爷下棋的日子来临了。

和爷爷下棋我不仅会输掉棋局，而且爷爷的较真与耐心更是让我难以接受。爷爷不像电脑那样古板，他十分灵活，有时刚开局，就要思考后面几步该如何走；而我只会毛毛躁躁地下一步想一步。有时我急得满头大汗却毫无思路，爷爷见状便对我说："下棋不是看你的智慧有多高，能力有多强，而是要看你是否细心。乍一看，好像小兵是最无用的棋子，但是当小兵过了河后，照样可以吃将军。毕竟当年赵云当小兵时，刘备也有求于他。"我似懂非懂地点了点头。

爷爷知道我下不过他，他会主动让我一颗棋，但是每当我想悔棋的时候，爷爷总是不允许。我感到十分奇怪，这个疑问就像一朵乌云，笼罩在我头顶。终于在又一次失败后，我向爷爷提出了疑问，渴望拨开头顶的乌云："为啥肯让我悔棋子，却不允许我悔棋呢？"爷爷笑笑道："这下棋跟人生一样，走过的路想再回去就难喽。但还没开始的人生可以好好规划，就像河水流到下游就无法回去，但人们可在上游控制流向一样。只有无悔过往，认真面对未来，才能走向通往成功的道路。这也正应了那句古话'落子无悔大丈夫'。"

此后，我每天都会去找爷爷下棋，虽然结局还是我输给爷爷，但是现在我也能够静下心来，努力地思考每一步棋子，争取每一步都下到最好。我体验到棋局上决斗的快乐，开始享受下棋。渐渐地，在生活中，我也开始运用爷爷教我下棋的道理。就在此刻，我感觉，我成长了。

可能将来有一天，我也会对一个初学者说："努力去尝试，或许有一天你就会成功。"

### 评语

本文讲述了与爷爷下棋，从厌烦无奈到热爱擅长的全过程，运用了欲扬先抑的写作手法。开头两段先写"我"对下棋不以为意，中间再写爷爷教给我的从下棋中悟出的两个道理：一是做事要细心，即使再小的力量也能创造出奇迹；二是做事前要认真规划，踏踏实实走好每一步。文末以小见大，由下棋上升到人生，升华主题，总结全文。

文章还有一个亮点，就是多处运用哲理句，如父亲劝说我的话："想要得到成功，前提是你要敢于尝试。"爷爷则举例子讲道理："下棋不是看你的智慧有多高，能力有多强，而是要看你是否细心。乍一看，好像小兵是最无用的棋子，但是当小兵过了河后，照样可以吃将军。毕竟当年赵云当小兵时，刘备也有求于他。"从中可以看出，父亲和爷爷的循循善诱、用心良苦。还有结尾的"努力去尝试，或许有一天你就会成功"一句，引起读者的共鸣与深思。

# 一种友谊

2018届 初三（10）班 刘梓琪

有一种存在于亲情、爱情之间的感情，珍藏于我的记忆中。每当想到，心里就会涌起一股暖意、一种美好、一份感动。忧愁烦恼时，就会想起过往的朋友，希望她与你相伴，给予你安慰，我却从未向她倾诉，因为害怕自己的忧伤会沾染她的心。

仅仅一句歌词、一种物品，她的真挚、她的执着便涌现出来。因为有这样一位朋友，我更珍惜世上的一切，更热爱生活。希望我们每天都开心，希望我们能照顾好自己，希望再见面时能相互倾诉。

俗套的观念处于心中，却因为她的存在而变得苍白无力。在心里，这个人虽然仅有一处小小的空间，却能令我静静地固守那份美好的回忆。我从一开始就知道，我们之间不会有什么伤心事，每天和她一起都过得很充实开心。

阴雨绵绵，向远方眺望；雨燕徘徊，心却禁不住悸动。与她交流的日子是如此珍贵。我们不常联系，但即使是在电话中都有千丝万缕的留恋和倾诉。相聚的时光也许短暂，但是在彼此的心中都保留了一份惦念，一份嘱咐。就算她去到再远的地方，就算过了许多许多年，再见面时早已物是人非，仍然心系着她，这就足够了。

生活有时候平静得像湖面，也许你没有天荒地老、海枯石烂的爱情，但是有了这样的一位朋友，你的生命中就会有些许涟漪、些许色彩，并在记忆里结出璀璨的水晶。它在人生中闪闪发光，倒映曾经的美好。

很感激在这个世界上，有这样一个人，她虽然时常不在我身边，也并没有为我做多少的事情，但她却是我生命中的一部分。

我也很高兴有过那样一份感情，纯净而又绵长，很庆幸在这复杂的世界中，有这样的一个朋友，与我谈心，与我玩耍……

只愿那朵友谊之花能常盛开在我们心头，两人能携手并进，一同在未来为对方自豪。这，就是我们的友谊，一种无言却珍贵的心意。

**评 语**

本文语言透着一股浓浓的文学美，足见作者深厚的写作功底。

文章通过叙述自己和与朋友之间的故事，佐以清晰的论述、丰富的辞藻、动人的修辞，生动形象地表达了文章的主旨——对友谊的颂扬与珍爱。文章谈友情，却不拘泥于自身，而是对朋友展开论述，更能贴近读者，引发读者的思考和共鸣。

当然，若添加一些具体的事例，就能使论述更加有力。

# 我相信

2018届 初三（10）班　郭宇铮

当我遇到困难时，当我想放弃时，我总会想起爱迪生说的："失败也是我需要的，它和成功对我一样有价值。只有我知道一切做不好的方法以后，我才知道做好一件工作的方法是什么。"这句话给了我力量、给了我勇气去战胜困难、去克服困难。

我知道，每个人都会遇到那些看似不可逾越的鸿沟，都会遇到无数的挫折，但那只是"看似"，其实没有什么能左右你的情绪，只是你自己不放过你自己。与其抱怨命运的不公，极度地颓废、堕落，倒不如重新振作起来，总结经验，吸取教训。如此简单明了的道理，为什么有些人就是不明白呢？

记得以前读过一篇文章《从哪里跌倒就从哪里爬起来》，里面的一段话使我到现在仍记忆犹新："人生的旅程中，绝对不会永远是平坦大道，坎坷、荆棘、困难都会与人为伴。跌倒了并不可怕，可怕的是跌倒了没有勇气爬起来，尤其是当有人来扶你的时候，仍不愿站起来。"是啊，有什么可怕的，每个人都会遇到坎坷，为什么要为一次的错误、一次的挫折而否认自己？

每个人都避免不了犯错。曾经，考试那段时间，我不当回事，玩得天昏地暗，还信心满满地走进考场，满不在乎地对同学说："没问题，我肯定能考好！"领成绩单那天，我开心地走在路上，真美好啊，小鸟欢快地叫着，太阳照耀着大地，微风轻拂，天也蓝得美好。我耀武扬威地走进教室，为了体现我的自信，我很安静地坐在我的位置上，可是当数学卷子发下来的时候，我傻眼了，一个刺眼的分数——67，我呆呆地坐在那，不可能啊！可是当我一次次地擦亮眼睛再去看的时候，绝望如洪水般向我涌来，我的确是考砸了……我现在唯一的寄托就是物理了，我也开始抱怨自己做卷子的时候不细心，希望物理考好一点，然而现实总是不尽如人意，物理——74！我的心情瞬间跌落低谷，一直让我骄傲的物理和数学。我再去看错的题目，全是由于粗心大意错的，唉！我确实可以考好的，为什么就没认真？我不好意思再和同学一起走，因为我没办法接他们的那句——你考多少啊？我也没办法为我曾说过的大话收场，我垂头丧气地回到家。路上，一切都不顺眼了：小鸟的叫声渐渐变小，天空从湛蓝逐渐变得灰暗，风也一个劲地乱吹……就是因为那次考试，我失落了好久，但是在我失望之时我又想起了那句话：失败也是我需要的，它和成功对我一样有价值。我恍然大悟：是啊，我为什么要为了一次考砸而一蹶不振呢？

　　胜败乃兵家常事。一次的胜败不能说明什么，我只有从中总结经验，吸取教训，才能在下一次的考试中好好发挥。我不能因为一次的失败而气馁，机会还有很多，只要努力了，就一定能获得成功，我相信！

## 评语

　　文章整篇围绕着主题"我相信"，详写了我对爱迪生"失败也是我需要的，它和成功对我一样有价值"这句话的见解和亲身体会，展现了我面对失败，拥抱而不自暴的态度。"我开心地走在路上，真美好啊，小鸟欢快地叫着，太阳照耀着大地，微风轻拂，天也蓝得美好"一句环境描写衬托了"我"起初的喜悦。"可是当我一次次地擦亮眼睛再去看的时候，绝望如洪水向我涌来，我的确是考砸了""我不好意思再和同学一起走，因为我没办法迎接他们的那句——你考多少啊？我也没办法为我曾说过的大话收场，我垂头丧气地回到家"，这两句心理描写写出"我"的绝望。更妙的是之后的那句"路上，一切都不顺眼：小鸟的叫声渐渐变小，天空从湛蓝逐渐变得灰暗，风也一个劲地乱吹"照应了前文"顺眼"的风景，更凸显了我的伤心。但正于绝望之际的"我"，又想起了爱迪生的那句话，回扣了主题，结尾画龙点睛，彰显了"我"的意念。

# 我怀念的年少时光

2018届 初三（10）班 刘宏伟

光阴似箭，岁月如梭。初中三年的生活在弹指间便已结束。三年来，我们欢歌笑语，同甘共苦，用青春谱写岁月的乐章。

记得刚进入初中时，懵懂的我们对一切都充满了好奇，互不认识的我们一会儿便在教室内叽叽喳喳起来，不一会儿便打成一片。现在回想起来还是会忍不住发笑，笑当时的天真；同时也羡慕，羡慕当时的无忧无虑。记得当老师走进教室时，我们向她提问各种各样奇怪的问题，老师那不好意思的表情，和泛红的脸，现在想想，当时的我们真的很傻，然而想到那时的天真，又不免伤怀。

回到这间温馨的教室，两旁是有些泛黄的窗帘，径直向前走，蓦然回首，那对桌椅依然沧桑地立在那里，孤独而肃穆，承载着那些永远回不去的年少时光。

最让我怀念的是教室的黑板。它记载着我们的回忆。曾经，我们总爱在黑板上涂涂画画，欢快的笑声缭绕，不料，笑声惊到了"墨守成规"的班主任。于是，我们几个同学以迅雷不及掩耳之势的速度擦掉黑板上的画，正襟危坐在椅子上。可班主任用慧眼扫视了一下教室，一瞬间就识破了我们。我们心惊胆战，用紧张而又淘气的眼神看着老师。只见老师嘴角微微翘起，说道："你们几个以后不能再这个样子了……"

最让我怀念的是在篮球场上挥洒的汗水。记忆中的我们在篮球场上肆意驰骋，橘红色的篮球有时在两名球员的手中交替，有时在一名球员的双手中交换，三步上篮，"嘭"一声球落入网中。每个进球的背后是我们流过的汗水，每个传球的背后是我们默契的配合，体现了篮球少年心灵的呼唤，感情的升温。

最让我怀念的是那一刻的分离。我们一起站在高台上呐喊，双手合十，许下愿望，那一次许下的愿望是：希望朋友不散，友谊长存。那一天晚上的星辰布满了夜空，清冷的月光洒在我们的面庞上，如纱，如缕，似要拂去我们眼角滴落的泪。然而我们还是各奔东西，登上了新的旅途。

教室还是原来的教室，人却已不再是我们。这段年少时光封存于此，它也将开始记录一段新的光阴。我们也将要踏上新的征程，去奋斗，去实现自己梦寐以求的梦。青春之舟，有你们陪我渡，真好！

## 评 语

本文以对初中时光的怀念为线索，开头一段巧用四字成语以及一句巧妙的比喻强调了本文青春的"音"素，第二、三段又追忆起初入初中的懵懂无知、遥不可及的天真。第四、五、六段以三个"最让我怀念的"为段首句，使结构严谨，并以不同角度描写了青春的多姿多彩。最后一段以"舟"比喻青春，以"摆渡人"比喻一路走来的伙伴，表达了自己扬帆起航的豪情壮志。

# 感谢有你

2018届 初三（10）班　徐揭鹏

友谊不用碰杯，友谊无须礼物，友谊只不过是我们不会忘记。

——题记

那时刚进初中，我孤孤单单，无意间注意到一个同学，朋友不多，做事不怎么惹人注意，爱好却特别广泛。有一天，他在画画，画的东西正好也是我所喜爱的。于是，我走上前去向他问好："你也看《家庭教师》啊？"他抬起头，一愣，随后腼腆地笑了笑："我还以为全班就我一个看呢，不过那动漫确实不火。"只见他支支吾吾完又用手挠了挠后脑勺。

感谢有你，让我懂得了友谊。

我这个人看起来做事小心翼翼，实际上大大咧咧、马马虎虎，经常丢三落四。有一回，我放学后急着去打球，把课本作业三下五除二地往书包里塞，随即匆匆要离去。离开时，我气喘吁吁地一把拽起书包，正准备转身就走，一只手恍然间搭在我的肩膀上。我一愣，回头一瞧，就撞见他那光芒般的笑容。接着，他把一本数学作业本递了过来："我看见它掉在地上了。"原来在我临走时，刚刚发的数学作业被碰掉在地上了，我却丝毫没有察觉。幸亏他细心，留意到了那本被我踩了一脚无力地躺在地上苟延残喘的数学作业本。我耳根有些发烫，心中却灌了蜜般甜，欲言，却无言，嘴里支吾了一句："谢谢。"那作业本倒是十分不情愿，再一次掉到了地上，我急忙弯腰抓了起来，冲他咧嘴一笑，便歪歪扭扭地跑了。

感谢有你，让我懂得了细心。

　　记得那次古诗考试，假期中潇洒自如的我毫无防备，被诗句连成的子弹打得喘不过气，最终被老师"光荣"地留下来罚背。我背啊背，可是脑子却使不上劲，怎么都记不住，满脑子都是回家、回家、回家。脑子越想越混乱，正当我欲打退堂鼓当逃兵时，我被附着暖意的手掌拉回了现实。转头一望，是他。他嘴唇微启，说道："实在不行我陪你背吧？合作才有行动力。"此时我即使心中混乱，也不由得被他拉回正轨。尽管残阳如血般染红了天，我还是坚持着与他一应一和地背着古诗。在我俩同舟共济、艰苦卓绝的奋斗下，我终于将古诗一首首背下，与他一起回家了。

　　感谢有你，让我懂得了耐心。

　　感谢有你，在我的初中画卷里增添了几分诗意，使我的初中生活更加缤纷多彩。因为你，我收获了友谊、细心和耐心。时光逝去，落满尘埃，而你就是那岁月穿堂风，吹走了我心中的孤独、粗心和急躁。

　　感谢有你，我的朋友。

## 评语

　　培根说："友谊使欢乐倍增，悲痛锐减。"感谢朋友的一路相伴，使"我"不再孤单。本文采用五段式结构，勾勒了三幅"我"与朋友相处的图景，细节真实，人物描写细腻，有"只见他支支吾吾完又用手挠了挠后脑勺"的动作描写，有"光芒般的笑容"的神态描写，还有"他嘴唇微启，说道：'实在不行我陪你背吧？合作才有行动力。'"的语言描写，使人物形象跃然纸上。同时多处运用了比喻、拟人等修辞手法，例如，"躺在地上苟延残喘的数学作业本""心中灌了蜜般甜"等，增添了文章的生动性。结尾部分与前文相照应，再次点题，且富有诗意，读来余味悠长。

# 风雨兼程

2018届 初三（9）班 赖冠颖

　　成功的花，人们只惊美于它绽放时的明艳，却没有多少人看到当初它为了成功而浸透的泪泉。

——题记

　　夜晚，伏卧桌前。窗外星星点点的灯火伴着一缕月光溜了进来，洒在那一张张奖状上，闪闪地发着光。曾经苦涩的日子，在这迷人的夜景中，都已酿成芬芳。那曾经许下的诺言与愿望，那执着、坚持与不懈的信念，都化为幸福的花瓣，被我精心收藏。

　　我出生在一座小城市。儿时，脑中似乎没有学习的念头，整天只知道玩。低年级时还能"混"过去，可随着年级的升高，吃力感逐渐出现。此时，父母的一个让我转学到深圳的决定更是雪上加霜。各种因基础不牢而带来的问题接踵而至。无奈之下，父母想尽各种方法找了几个优秀的老师帮我补落下的知识。每天，我在家、学校和补习班之间奔波，有时累得连写作业都能睡着。但所幸，我的成绩也提了上去。我渐渐放松下来，脚步也不怎么紧了。而这换来的结果只有一个——成绩大"跳水"。

　　卷子如雪花般落在我手中，那冰冷的温度从手上传递到心里，那一个个鲜红的叉给了我致命的打击。讲卷子时，我颤抖着把它递给补习班老师，可想象中的那暴风骤雨却没有到来，取而代之的是温柔关切的评讲："这道题应该这么解……这道要用这个公式……"试卷上不停出现的圈圈点点，使我心中的信念不断燃烧。从此以后，我比之前更加快了行动的步伐，让父母惊喜万分。

最后的那场考试后，最终迎来的是荣光，送走的是担心和疲劳。我终是没有辜负自己和父母老师的期望，得到了满意的分数。

当我们明白今日成功的花当初也只是一枚青涩的花籽时，它那浴血的芽儿也就深深地扎进了我们的心中。成长的路上没有捷径，有的只是一路迎面劈来的风雨和自己心中那燃烧的信念。当我们为小草破土而出而感到欣喜时，有谁能想到它曾是一颗被埋没的种子；当我们为华美圆润的珍珠惊叹时，有谁能想到它曾是一颗毫不起眼的沙粒；当我们被文人雅士的气质所折服时，有谁又了解他们曾经的苦读与坎坷。

想到这儿，我又拾起笔，在窗外渐亮的月光和渐稀的灯火下继续迎着风雨，前进！

## 评语

本文开篇运用了环境描写，并恰到好处地总起了全文，而后又略写了儿时因贪玩落下功课，经过一段时间忙碌的补习使"我"成绩有所提高的事。紧接着便详写了"我"渐渐放松后成绩"大跳水"，促使"我"再一次努力拼搏，终是迎来了荣光。这其中使用了比喻等修辞手法，同时多处使用细节描写，生动形象。文章倒数第二段开头使用比拟手法，揭示了一切成功背后都要付出艰辛与汗水，一路风雨兼程、不能停歇的道理。结尾段环境描写后适当留白，动词结尾使人读来有振奋之感。

# 与胜利一同奔跑

2018届 初三（9）班 利伊茗

　　一年一度的运动会即将到来，我们班很幸运地被选入校彩旗队。作为最先出场的班级中的一员，我心中多少有些兴奋，仿佛已迈开开幕式的步伐，仿佛胜利的呐喊已响在耳畔。

　　早晨，太阳依旧早早地升起，忽然响起的闹钟声把我从美梦中叫醒。穿着代表（9）班的独特的班服，整了整褶皱，我出门了。落叶伴随着初冬的寒风，轻轻地落在地面上，我有些瑟瑟发抖。我们在呼啸的寒风中看着一个又一个班级的表演，掰着指头数着还剩下几个班级，希望能快些结束。该轮到我们绕着操场跑圈的时候，我的双脚似乎冻得无法动弹了，我磕磕绊绊地跑到了属于自己的位置。风一阵阵吹过，我的牙齿也在"咔、咔"地上下打战。

　　终于，在时间的催促下，开幕式结束了，我马上往身上套了几件衣服，把自己严严实实地裹成粽子一般。刚暖和不久，比赛开始了，又要换成比赛的短裤。刚平静下来的心又被拎了起来。这是我第二次参加跳高比赛了，第一次的成绩并不尽如人意。这一次，我抱着试一试，玩一玩的心态再次报名参加了。走到那熟悉的场地，望着那高高的杆子，心中满负紧张。这是运动会的第一个项目，同学们都踏着兴奋的步伐来到了"观众席"，每个班啦啦队的呼喊给我们运动员一次次的鼓励。刚试跳时，裁判把杆子调到一米一，这是高于我腿的高度瞬间让我紧张起来。从第一位同学开始，我们一个又一个奔向了杆子，但杆子一次又一次摔落在地上。直到一个身材高挑的女同学平手平静如水地跨过了杆子，场上的运动员都发出了惊叹的声音。在二十位选手中脱颖而出的她，仿佛已经是这场比赛的冠军了。好在裁判把杆子调下了两个拳头的距离，大家似乎都很轻松地跳了过去，没几个人被淘汰。不巧我们班的老将黄慧欣轻巧地一跳，杆子却意外地与她的脚一起落了地，压力如同一块巨石一下子压在我的身上，班上要获得奖牌似乎只能靠我了。

最后，场上的运动员仅剩三人了，其中包括我。此时此刻，我的心情既兴奋，又紧张。望着另外两位个头都比我高出一截的同学，我的心"怦怦"直跳，仿佛随着寒风一起跳到杆子上了。"加油！你可以的！"同班同学的鼓励使我重拾信心。既然冲进前三，为何不拿个冠军呢？既然总有人要赢，那为什么不能是我呢？杆子一点点往上升高，即使肉眼看不出多大的区别，我心中也紧张得不得了。接下来，第一次的跳跃我侥幸地让杆子"平安无事"躺在上面。后面的人也似乎很顺畅。第二次杆子升高，大家跳得并没有那么顺利。杆子一次又一次地摔落在地上。同学们给予的鼓励转化为我身上的动力，一跃之下，我迷迷糊糊地过去了。站在旁边的我看着对手一次次尝试，一开始内心是抱着诅咒的心态，想了想，如果我是那位选手，看到有人在那诅咒、嘲笑，心中自然有些不乐意。可是现实总是意想不到的。那位唯一跳过一米一的女同学也在这一高度上失败了，我多少感到一些惋惜。

"冠军！"我们班的啦啦队大声呼喊着给我鼓掌，我这才从"梦"中醒来，朦朦胧胧地回班接受庆祝。

我要与胜利一同奔跑，即使经历风雨万千。感谢那些为我呐喊的同学，是他们让我拾起必胜的信心；也感谢那些与我一起争夺胜利的对手，是他们让我一步步提高自我，最终坚定地走向胜利。我永远期待着，与胜利一同奔跑。

**评语**

"即使风雨万千，也挡不住我向往胜利的目光。"这样充满锐气、斗志昂扬的话语，让读者精神一振。作者选材新颖，以一个运动会跳高运动员的视角，描写了她眼中紧张又激烈的运动会，真实而有趣。"落叶伴随着初冬的寒风，轻轻地落在地面上""牙齿也在'咔、咔'地上下打战"等细节描写，也十分细腻生动。"既然冲进了前三，为何不拿个冠军呢？既然总有人要赢，那为什么不能是我呢？"这样的句子，体现了作者的自信和对胜利的不懈追求。我也期待着，你再一次与胜利一同奔跑。

# 与失败一同奔跑

2018届 初三（10）班 许玳衔

空气中弥漫着硝烟的味道，表面风平浪静的房间里正进行着一场不流血的战争。紧盯着眼前的棋局，面对敌人的猛烈进攻，我仓促地防守，却有些力不从心。看着节节败退的自己，我突然想起了上次的月考。

那些我进步的日子里，我的学习一点点步入正轨，几次数学考试都得了班级第一。之后，我开始有些飘飘然了，慢慢变得浮躁、自大。面对即将来临的月考，我本以为可以毫不费劲地拿个好成绩，结果却是一败涂地。这如同当头一棒将我从幻想里敲醒。面对这耻辱的事实，我恨不得马上悬梁刺股地学个十天十夜。

平静后，我发现，在追梦的路上，与失败一同奔跑，何尝不是一件好事呢？几天下来，我已进步了不少，而这次，我不再骄傲，因为，失败教会我要谦虚……

又轮到我下了，我拿起棋子在手中摩挲着。看着对手运筹帷幄的神色，我不禁有些黯然，额头上布满了豆大的汗珠。我绞尽脑汁想力挽狂澜，奈何残酷的现实让我有些无能为力，终究是无力回天。

又想起上次的运动会。在那之前我们班进行了1000米的测试，我侥幸拿了第一名。那时的我犹如井底之蛙，俨然觉得自己所向无敌。然而运动会上，我却以倒数第五的成绩黯然离场。

过后，我加大了对自己的训练强度，飞速进步的同时我不再骄傲自大，因为我懂得了"人外有人，天外有天"的道理。

在我的世界里，失败并不少，如某次钢琴比赛的出局，某次考试的失利，某次课堂默写的"白卷"……然而，铩羽而归的我并没有一蹶不振，而是一次又一次地重整旗鼓，期待下一次的扬帆起航。

在我奔跑的路上，失败像一味良药，让我不再疲惫；失败像一盏明灯，让我看清自己。

这一局棋的最后，对手一招致命，我暗箭难防。

我从失败中又学到了一招，待我磨炼功夫后择日再战。

## 评语

　　这篇文章全文使用双线并行的结构，以棋局作为线索贯穿全文，结构新颖，引人入胜。开篇写现实中正在进行的棋局对弈，"我"力不从心，节节败退，引出对上次月考的回忆。"我"在数学成绩得了几次班级第一后有些自大，在本以为十拿九稳的月考中，一败涂地、溃不成军。但"我"并未就此消沉下去，而是吸取了失败的教训，进一步成长。回到现实中的对弈，"我"想力挽狂澜，却无力回天，由此再一次引入关于运动会的回忆。"我"又一次因小小的成功骄傲自满，并又受到了来自现实的一记重击。在失败面前，"我"再一次吸取教训。最后，总结升华全文，表现了"我"愈挫愈勇的斗志。

# 与暴雨一同奔跑

2018届 初三（9）班 张 晓

暴雨，总能冲走一些急躁，带来一些镇静；总能冲走一些迷茫，带来一些清醒；总能冲走一些懦弱，带来一些坚强。它虽然不能像晴天一样给万物带来希望，但渴望成功的我们离不开与它一起奔跑的时光。

那一次语文考试，前面答题还算顺利，可那个作文题目却钳制住了我的思绪，几分钟过去了，我却还是思路全无。我慌了神，抬头看了看表，还剩35分钟！我努力地告诉自己："一定要想出来！"我的手上渐渐渗出了细密的汗，指针滴答滴答的声音也仿佛被扩大了亿万倍，时时刻刻都在折磨着我的耳朵。我的心"怦怦"直跳，冷汗浸湿了整个后背，衣服紧贴着身体。一阵又一阵的凉风刮过，明明是炎热的夏季，却好像置身于渺无人烟的雪地，周身一片荒芜，我极目远眺，却看不到尽头。我的眼前白雾氤氲，迷蒙了方正的格子和大片刺眼的空白。最终，一阵刺耳的铃声宣告了故事的结局，是失败。后排同学收卷的双手划开了我眼前的迷雾，拿走了试卷，最后留在我脑海中的，是令我有力没处使，绝望却找不到出口的——"300字"。

那天，乌云笼罩着整个天空，风雨交加、雷声轰鸣，仿佛太阳散发出的光芒都消失殆尽了。我独自低着头走在回家的路上，感到无尽的无助与无奈。我望着路旁本就弯下腰的花草，它们在雨中更是无法抬起头来，显得萧瑟、凄凉。

第二天，我悲伤地走在回学校的路上，却惊奇地发现，雨后的花草不但没有七零八落，反而重新笔直地"站"起来了。我的心头猛然一震，是啊，连小草都能在暴雨中坚持自我，我为什么无法与暴雨一同奔跑呢？

暴雨，在悲观绝望者的眼里，是毁灭，是死亡；在奋斗者的眼里，是激昂的乐章。一次次风吹雨打，也许我会被淋得找不到方向，不知路在何方。但是如果路上没有一点风雨，就无法体会到一缕阳光穿过云层的温暖。

初三的生活就像一场暴雨，"中考"这两个字常常充斥在我的耳畔，是与暴雨一同奔跑，还是畏缩在屋檐下等待暴雨离去？答案早已在我心中。

我希望，在六月第三个周末，在我合上笔盖那一刻，会有战士收刀入鞘的骄傲。当我回首往事，我会看到一个伴着风雨，一步一步走来的我，虽艰辛，脸上却挂着自信的笑容。而我，会向着那个身影，用力地挥手。

### 评语

本文的字里行间流露出小作者在暴风雨中成长感受到的艰辛与挫折，这些挫折却也让小作者受益匪浅。文章只记叙了一件事，但把作者当时的心情表露无遗。文章描写手法非常细腻，使用了动作、心理、神态等描写手法，也适当地使用了夸张手法，例如，"指针滴答滴答的声音仿佛被扩大了亿万倍，时时刻刻都在折磨我的耳朵"。临近结尾的升华也很有力："暴雨，在悲观绝望者的眼里，是毁灭，是死亡；在奋斗者的眼里，是激昂的乐章。一次次风吹雨打，也许我会被淋得找不到方向，不知路在何方。但是如果路上没有一点风雨，就无法体会到一缕阳光穿过云层的温暖。"这些语句富含哲理，深刻、向上，又是文章的一大加分点。结尾引向自己的目标——中考。"会有战士收刀入鞘的骄傲"一句，收束有力，余音不绝。

# 与诗人一同奔跑

2018届 初三（10）班 林泽深

诗的世界五彩缤纷，意蕴丰富。诗，像一杯水，滋润我的心田；诗，像一壶茶，褪去我的烦恼；诗，像一首歌，奏响我的青春。在我有限的阅历中，我喜欢读诗、品诗、悟诗。诗歌伴我一路，我与诗人一同奔跑。

五千年漫长的文明岁月，造就了无数耀眼的繁星，诗歌作为最灿烂、最优雅的那一颗，影响了无数后人。多少人在诗歌中寻找到迷失的方向，多少人在诗歌中寻找到心灵的慰藉，又有多少人在诗歌的鼓舞下一路向前。

奔跑吧！和李白一起奔跑！去感受他的随性、洒脱、自在。"人生在世不称意，明朝散发弄扁舟。"人生有太多的无奈与困扰，我们何不忘掉忧愁，忘掉纠缠，坦然面对，乐观向前呢？"飞流直下三千尺，疑是银河落九天。"生活中有太多未知的美好，等着我们去发现、去探寻。"长风破浪会有时，直挂云帆济沧海。"当我们遇到困难和挫折时，想想李白勇往直前的情怀吧！在无数的流言和诽谤下，他没有被击倒，从未放弃。在诗的世界里，他纵情快活，勇敢面对。

奔跑吧！和陶渊明一起奔跑！去感受他置身田园山水中的宁静和自在。"采菊东篱下，悠然见南山。"他忘掉世俗，忘掉功名利禄，把身心融入大自然，去感受自然的宁静与美好。"开荒南野际，守拙归田园。"他凭着一双勤劳、不屈的手，自力更生，去创造属于他自己的理想生活。

奔跑吧！和苏东坡一起奔跑！去感受他的豪情与壮志。"会挽雕弓如满月，西北望，射天狼。"虽然他已年老，却不忘初心，老当益壮，一颗渴望一展抱负、杀敌报国的心感动无数后人。"一点浩然气，千里快哉风。"一身正气，坦荡做人，这是无数英雄所追求的人生境界。人生就要这样，怀着远大的抱负，用长远的眼光看待事物，像苏东坡一样，用坦荡的胸怀拥抱世界。

在诗歌的世界里，我尽情遨游；在诗歌的世界里，我随性畅想；在诗歌的世界里，我寻找到了方向。奔跑吧，少年！让我们同诗做伴，谱写属于我们的青春年华。

## 评 语

　　这篇文章采用了典型的并列式结构，也是典型的五段式作文，结构完整，层次分明，值得借鉴。开头运用排比和比喻的修辞手法，写出诗歌对"我"的极大熏陶和影响。结尾同样用了三个排比句，写出了"我"遨游在诗歌的海洋中的愉悦与忘我。中间三个段落的层次非常清晰，段首句的感叹句紧扣题目——"去感受他的随性、洒脱、自在""去感受他置身田园山水中的宁静和自在""去感受他的衷情与壮志"。这三句话总结了三位诗人的品质与情怀。接着作者分别引用三位诗人的诗句，表达了他们的远大抱负和对生活的态度。这三位诗人，有各自不同的特点，也有相似之处。作者从三位诗人的诗句中品味出人生之道，悟出人生真谛。由此可见，只有在学习中思考，才能有所收获。我们也要像本文的作者一样，做生活的有心人，处处留心皆学问。

# 在青春中前行

2018届 初三（10）班　魏上凯

　　青春是一场五味杂陈的旅程，在其中，我们曾欢笑高歌，也曾踯躅彷徨；走过的是岁月，途经的是迷茫，向前是希望的极光，回首是细雨深巷。在青春的旅途中，我大步前行。

　　迈入中学，走进了青春的年华，我享受荣光照耀，也学会在荆棘中攀爬；挥洒的是热血和张扬，收获的是逐渐平缓的棱角。

　　我以手为笔，在灿烂的阳光中，写出自己的天地。所有人都在奋发向上，努力拼搏着。在一个个晨露夕阳中，我也抓紧了笔，为自己的目标而努力，大家也心照不宣地埋头苦干。考试临近，我明白我要一直努力下去，只因心中的梦想，坚如磐石。不知过了多久，放学铃急促地响起，把我从思绪中拉了回来，我赶忙收拾东西。抬头时，目光和身边的人碰触，我们相视一笑，无须多言。因为我们都是在青春的旅途中，奋力前行的人。

　　球场上，耳边传来呼呼的风声，夹杂着不断的呼喊，仿佛所有人的血液都沸腾起来。我和朋友们奔跑跳跃，动作敏捷，配合得滴水不漏，让敌人防不胜防。最终，我们在众人的欢呼声中获得了胜利，我欣然大笑，朋友们鼓掌庆祝。对手似乎有些不甘，但我们约定好了，下次再切磋。

　　在青春的旅途中，我带着欢乐前行。在这旅途中，不仅有阳光的沐浴和雨露的滋润，还有路边荆棘的阻挠。

　　青春伴随着欢笑与友谊，如歌如曲；失败与彷徨只是沿途的风景。不要因彷徨而犹豫，不要因失败而沮丧，因为我们拥有梦想，飞扬的梦想如一个个跳动的音符，奏响青春的乐章。

青春伴随着梦想，如诗如画，我们在青春的赛场上，奋力追逐梦想的微光，即使前方荆棘满地，也依旧要风雨兼程，永不言弃！

这世间，唯有青春不可辜负。花开正好，微风不燥。我们背上行囊，踏上了新的征程。

转身，起航。

## 评 语

　　本文笔触细腻，富有诗意；多处叙述生动，运用比喻等修辞手法，如"青春是一场五味杂陈的旅程，在其中，我们曾欢笑高歌，也曾踯躅彷徨"。作者描绘了所有人刻苦学习以及自己和朋友配合默契取得篮球赛胜利的场景，言语之间尽显青春的张扬与热血，表达了真情实感，使人读来能深切感受到独属于少年的激情和昂扬。作者也懂得抓住生活中的细节，抒发感情。希望写作时能够更加注意行文逻辑及层次，可以适当设立一个全文的线索来进行叙述。

# 青春如歌

2018届 初三（10）班 童乐

"花儿长发披肩，少年似同学，纯洁但也热烈。"薛之谦这一首《花儿与少年》勾起了我对初中三年生活的美好回忆。

青春烈火如歌，少年正芳华，若不尽情燃烧，又待老时伤悲？

光阴是那么快，流年是那么美好。还记得第一次踏进我们班，看着一张张陌生的面庞，心莫名的"怦怦"直跳。窗外蓝天一碧万顷，微风中夹杂着蝉鸣，阳光透进窗子，照亮我的心。我正要开口做一段初次见面的自我介绍，看着你们，我又腼腆地笑了，不禁期待着我们即将携手走过的青春时光。

薛之谦的歌词里有一句写得深入人心——"花儿长发披肩，少年恰似同学，纯净但也热烈。"这好像在诉说着我们在一起的那段日子。还记得那次军训吗？炎日如青春一般炙热，教官命令我们在烈日下练军姿，我们众志成城，最终受到了教官的表扬，战胜了炎炎烈日。还记得那一次活动吗？同学们分为两人一组，每组扛一块木板，架在肩上，体重大的同学要从上面爬过去。那一次，我们每一个人都大汗淋漓，咬紧牙关，高喊着口号，振奋士气。那一刻，我们所有同学的心紧紧地拧成了一股绳，踏着青春，向我们美好的未来出发。还记得教官语重心长的话语吗："你们是一个大集体，是一个团队，你们要一起承担苦难，一起经历青春的酸甜苦辣。"最后，我们顺利完成了任务。汗水浸湿的脸庞上挂着灿烂的笑靥。我们欢呼着、呐喊着，享受着团结与坚持带来的欢欣与喜悦。即使被教官惩罚后，我们还是像往常一样，玩笑、嬉闹，再多的烦恼也被抛之脑后，再多的不快也会烟消云散。希望我们来日重逢时，仍拥有稚气的少年心，争吵过后会握手言欢，不和之后会冰释前嫌；希望我们阅尽千帆，仍保有那份澄澈纯净的初心。

"眼泪蒸发成盐，伤口磨砺成茧。"作祟的原是多巴胺和肾上腺。体育中考那天，我们站在跑道上，准备出发，像是站在青春的起跑线上，准备迎接未知的疯狂。我的脑海里闪过的一幕幕场景，都是与你们一起度过的青春年华。只听见"砰"的一声枪响，大家都像离弦的箭一样，飞向未来，飞向各自的人生，踏上未来的征程。我的眼眶被水浸湿，不知是泪水还是汗水。我想象着离别时的情景，我们不舍地说着再见，分道扬镳，追赶自己期许的未来。我突然明白了薛之谦的那句歌词："留一点悬念，才明白体谅是对峙中的善莫大焉，也懂得虚弱是险恶时的情有可原，有些昨天是今天渴望的明天。"在人生的岔道口分别，我们彼此之间留下了悬念，表面潇洒地说着再见，却还想把三年的生活重温一遍。若时间允许，那我期待着与你们再续前缘。

与你们一起走过的青春，美好得让人心动。耳边还萦绕着一句句歌词，脑海里还放映着你我之间的一帧帧画面。

青春如歌，从开头的热烈美好到结尾的难舍难分；青春不长，但一路有你们陪我成长，即使青春的路上并不平坦，且有伤心、痛苦和烦恼相伴，那又何妨？

青春如歌，青春因你们的存在而独一无二，单调平淡的生活中有令人回味无穷的瞬间。

青春如歌，因为有你们，我将不再畏惧，在悠扬的旋律里，肆意地徜徉。

## 评　语

　　全文以歌词为线索，通过歌词刻画了作者的青春年华。讲述了在青春的旅途中，同学们一起在烈日下挥汗如雨，一起为了团体而坚持训练，一起抱怨教官的严厉，一起享受胜利的喜悦的一幕幕画面。这就是青春，纯洁但也热烈。作者在叙事中抒情，情感真挚而感人。用两个设问句引出军训和"三防"的事例，详略得当。接着用"多巴胺"和"肾上腺"引出体育中考那天，站在起跑线时自己的所思所想。作者通过歌词感慨，毕业的离别是我们给彼此留下的悬念。结尾紧扣题目"青春如歌"，流露作者对逝去时光的怀念和对未来的勇敢无畏。"青春如歌"，如一首没有尾声的歌，我们在绕梁的余音中，无畏地奔赴未来的沙场。

# 回响在心底的声音

2018届 初三（10）班 王馨瑶

　　"声音是由振动产生的！"物理老师说，"比如，鼓面振动，就是咚咚声；钟摆振动，就是滴答声。""那些美好的事物振动，就是那回响在心底的声音。"我在下面偷偷道。

　　出生了。伴随着一阵阵洪亮而富有生机的"哇哇"声，我看到了我的妹妹。在阳光的轻抚下，她就像一颗小苗，刚从土里探出头来。我知道，以后，也许这株小苗能开出一朵洋溢着热情的向日葵，可以跟我玩耍、撒娇，相处融洽。又或者她会变成一朵带刺的玫瑰，不过，每次她发脾气之后，我们都能重归于好。但不管怎样，我不再孤单了，有了一枝花陪伴着我。她可以和我一起努力，一起奋斗；在遇到困难的时候，我们也能相互鼓励。这一声哭声，让我看到将来美好的生活，它回响在我心底。

　　三年前，毕业典礼上，校长对着两百多名六年级毕业生，说道："努力，努力！"眼泪不知何时已蓄满了眼眶。我知道，我已站在人生的第一个十字路口。离了熟悉的校园，别了昔日的旧友，我要去往何方？纵使白日的朝阳已去，夜晚还有群星满天。也许，前路上，有更多的知识，更美的校园，更灿烂的笑脸在向我招手吧。既然如此，何必缅怀过去？结束，是新的开始，迎着青春的风，努力地奔跑，才是最好的选择吧！想到此处，我不禁微笑，任凭校长的那一声声"努力"在心中回响。

　　昨天我看完了东野圭吾的《时生》，是讲一对夫妇的儿子回到过去的花屋敷，拯救了不思进取的父亲拓实，并使他与母亲丽子相遇的故事。在故事的结尾，拓实的那句"时生，我在花屋敷等你！"包含了多少无奈与期待啊！在这场穿越时空的旅途中，人，变了太多；物，变了太多；不变的，是那一份坚定的亲情。合上书本，面前仿佛出现了拓实那张带着泪痕的笑脸。我的眼睛不由得模糊了，悄然念出"时生，我在花屋敷等你"，它在我的心中，回响不息。

打开窗子，听的是人间百态；闭上窗子，听的是似水流年。然而，不管窗户是开，是闭，不管生活是悲，是喜，心灵里，那些美好的事物，总在轻轻地振动着，振动出那一声声五味杂陈，振动出一声声感慨万千，回响不绝，声声不息。

**评语**

本文文笔清秀，构思新颖。第一段中，引用物理老师的话，先闻其声不见其人，直接引入声音，再用"我"的话，点明主题。

本文善用比喻。如第二段中将妹妹比作小苗，将她以后成长为不同的人比作开出不同的花，生动、形象、贴切。第三段中将未来比作"夜晚群星满天"，既表现了未来更加美好，又体现了小作者积极的处世态度。而第四段中引用东野圭吾的《时生》，用虚写，更增加了心声的韵味与内涵。

尾段，句式工整，读来回味无穷。可见作者的作文技巧高超。

# 我怀念的那缕金光

2018届 初三（9）班 于海舟

　　我拉开书房早已生锈的门，坐在那布满灰尘的角落，细细寻找淹没在书堆中早已不见踪影的作业。正当我垂头丧气地认为它们已无处可寻，将要离开之时，却瞥见在暗处闪着金光的小号。我欣然一笑，轻轻拿起，奏响了平日最拿手的乐曲。我的思绪，也随着那悠扬的号声回到了从前……

　　我们第一次相遇，还是在音乐厅。空气凝聚，灯光昏暗，场内一片寂静。所有人的目光，都汇集到那位身着黑色燕尾服，手拿指挥棒的指挥家身上。忽然，一位小号手站了起来，突兀地立在人群中间。聚光灯汇聚，指挥家轻挥指挥棒，人们都屏住呼吸，十分期待。缓缓地，号声像潺潺清泉倾泻而出，也流入我的心底，甘美、甜蜜、婉转、悠扬。小号也在聚光灯的照耀下散发出缕缕金光。这就是我与你的第一次相遇，而那首《风之道》我至今都没有忘却。是你，令我坠入爱河，无法自拔。

　　我，怀念你在音乐厅中尽情闪耀的那缕金光。

　　再后来，你已成了我的囊中之物，而我的脸上，却没了与你邂逅时的笑容，取而代之的是满脸的惆怅。练习吹号的过程并不一帆风顺，嘴型、错音、连吐、炸音，重重困难如同城堡里厚实坚固的城墙一般包围着我，怎么推也推不开。失落和失望从心底喷涌而出，肆意泛滥。回想起那一曲《风之道》，心中满是不甘和愤怒，我怎么就不能吹出那流畅悦耳的小号声呢？可坐以待毙不是我的风格，我凭着自己的执着一直努力着！春天，我沐着细雨吹；夏天，我顶着烈日吹；秋天，我踏着落叶吹；冬天，我迎着寒风吹。我，满头是汗；

你，也被汗水腐蚀得锈迹斑斑。但阳光始终通过我的汗水折射在你身上，给我温暖与力量。

我，怀念阳光通过我的汗水折射到你身上的那缕金光。

终于，我们又在音乐厅相见。可这次，站在舞台上的，换成了我。四年的付出、汗水，终于换来了作为小号手首席登台演奏的荣光。音乐响起，充满激情，多么有震撼力。有洪亮的长号，有激昂的圆号，有动人的黑管，也有细腻的长笛，但最引人注目的，是那小号。指挥轻轻一点，乐声戛然而止。五线谱上赫然印着的"独奏"二字，将我从对乐曲的品味中拉回现实。起身，举号，吸气。随着指挥轻点，久石让的那曲《风之道》又响彻音乐厅。"对。"我边摘掉弱音器，心中边想，"这曲子绝对少不了这把独特的小号。"换气，按键，那股暖流从喇叭口中涌出。曲罢，观众席全体起立，爆发出洪水般的掌声，响彻云霄。

我，怀念你陪我走过的金色时光。

金色的小号，是你，让我爱上音乐；是你，让我懂得奋斗；是你，让我拥有勇气；是你，让我收获掌声。我将带着你，走向未知的远方，纵使前方布满荆棘，只要有你的陪伴，我便不会放弃。不忘初心，方得始终；念念不忘，必有回响。

家中，书房里，阳光照耀在小号上，又散发出令我怀念的那缕金光。

## 评 语

本文题目"我怀念的那缕金光"十分新颖巧妙，它也是全文的线索，串起了"我"与小号的相知、相识到"我"成功演奏小号的全过程，并在每一部分结束后点题，读来脉络清晰、主题鲜明。整篇文章波澜起伏，有初遇的惊喜，有练习的艰难，也有成功的喜悦，体现了小作者对小号的喜爱，以及他"既然选择了远方，便只顾风雨兼程；既然目标是地平线，留给世界的只能是背影"的豪情壮志。在写法上，小作者擅长运用排比——"春天，我沐着细雨吹；夏天，我顶着烈日吹；秋天，我踏着落叶吹；冬天，我迎着寒风吹""是你，让我爱上音乐；是你，让我懂得奋斗；是你，让我拥有勇气；是你，让我收获掌声"，给文章增光添彩，让人过目不忘。

# 第三曲

## ——迈向世界

　　我们终将褪去稚气，走向成熟。渐渐地，我们开始用更深邃的目光打探这个世界，用更成熟的头脑思索这个世界。这是我们的又一大成长。

　　"一叶一菩提，一沙一世界。"春去秋来，花开花落，世间万物无一不给我们启示：

　　望着满地木棉絮，她明白了"踏实"的真谛；熬罗宋汤的经历，使她领悟到了"耐心"的重要性；看到身边的同学牺牲休息时间为参与比赛的班级心理剧剪辑视频从而获得了他人的敬重，使他懂得了"吃亏是福"的道理；胸怀前人的精神品质，他斗志昂扬，为成为新时代的翘楚努力进发……

　　愿我们走在开满鲜花的道路上，携着更丰富的阅历与更深入的思考，斗志昂扬地与世界交手。

# 寻 找

2018届 初三（9）班 赵靖萱

　　朦胧之间，我隐隐约约听见有个声音自远方似真似幻地一遍遍地呼喊着我的名字，一句比一句急切。我努力转动仿佛灌了铅的身体，极目远眺，可视野内只有伸手不见五指的白雾。我想要张开嘴回应一声，但又像是被人掐住了咽喉，嗓子眼只有徒劳的痛意。风里的寒气混着雾霭袭来，冻得人生疼。挣扎中，我的后颈突然传来了一阵刺痛，猛然的刺激使我的灵魂一下从九霄云外回庐。我从伏着的桌面上直起身，晃了一下脑袋，扭头去看站在我身边插着腰的妈妈。"居然又走神了，你数数一下午这是第几次睡着了？"妈妈手上还维持着揪住我后颈的动作。顿了顿，她又开口："你老这么不踏实，怎么行，累了就给我休息去，先别学习了！"

　　不由分说，被赶下楼我溜达到了旁边的绿地，挑了一处空着的长椅坐下。面前的草地上，小孩子们欢笑着追跑，玩着有趣的游戏，脸上天真的笑靥写满独属于童年的无忧无虑。一阵凉风拂过，我禁不住缩起脖子，搓了搓裸露在外的胳膊，神思又一次跑远。"不踏实"，又是"不踏实"！近来听得最多的好像就是这几个字。我知道我的成绩长期以来一直吊在那里，算不得差，可离尖子始终差着那么一段无法跨越的距离。"踏实"这东西，说得轻巧，道理我都懂，可到底怎么样才算是"踏实"，我就是找不到那个感觉。

　　就像一拳打在棉花上，我有力没处使，如同一只无头苍蝇摸不清方向，急得团团转。

就在我暗自焦躁的时候，忽然空中不知打哪儿来了一股比刚刚猛烈很多的风，直直地贴着身旁刮过。最近是木棉花开的季节，凡是木棉树的枝头上，都盈满了纯白的棉絮。这片绿地的四周就恰好种满了木棉树，刚刚没有风还好，一刮风，棉絮便随着风，接二连三地从枝头"刷啦啦"一跃而下。霎时间，天空中飘满了白色的棉絮，在天然的蓝色染布的映衬下，竟像是阳春光景里落下了鹅毛大雪。还有不知哪户人家奏响的古筝，回旋在树翳与楼房间。风撩衣摆，雪落晴天，乐声入耳，就像童话里描写的场景。不消一会儿，地上的草坪就铺满了厚厚的一层白色，鲜翠的颜色隐隐从白色中露出边际。孩子们嬉笑着去拾，我犹豫了一下，也想跟着捧点回家。可看着一地棉絮，我又感到一种熟悉的迷茫：这么多，我该从哪儿开始呢？

这种感觉似曾相识。来不及细想，一阵低风刮过，一小团棉絮随风晃晃悠悠刚好飘到我脚下。我赶紧弯腰去捡，拢在手心直起身子。就在这时，过电一般，我忽然明白了"踏实"的意思。

道路再长，一步一个脚印，从现在出发，总能到达；任务再艰巨，把它化为一个一个的步骤，一点一点完成，总能做完。

与其叹息任重道远，不如先规划好前行的方向，迈好扎实的每一步。没有比人更高的山，没有比脚更长的路。要相信落地就能成花，滴墨即能成画。

厚积而薄发，博观而约取。冬雪终会悄悄融化，春雷定将滚滚而来。只要一直奔跑下去，没有什么任务完不成，没有什么目标达不到。

我捧着这一小团棉絮飞奔回家，将它悉心收藏好，等待明年的木棉花开。

长路漫漫，未来可期。

青灯为墙，旖旎为家；以梦为马，不负韶华。

评语

作者首先写自己似真似幻的感觉，新颖独特，吸引读者。开头通过细腻而生动的细节描写以及侧面描写，表现自己的迷茫、煎熬。接着写"我"在绿地旁目睹孩子们嬉戏的情景，侧面烘托出"我"的彷徨和不知所措。然后话锋一转，用一段唯美的景物描写吸引了读者的眼球，"盈满""卷着风""一跃而下"等词语生动细致地描写了木棉花从树上坠落的情形。结尾的一句设问，发人深思，由描写转向议论，由赏木棉转向深刻的感悟。结尾的议论运用小段的形式，句子虽短但富有诗意；句式虽简洁，但寓意深刻。"踏实"，是一种美好的品质，只有秉承着这种美好的品质，才能在人生路上走得又远又稳，就像那一团团木棉的棉絮，厚积而薄发。作者有一双善于发现美的眼睛，在木棉花的花开花落中悟到了"踏实"的魅力，字里行间体现出作者一步一个脚印，踏踏实实走好每一步的决心。

# 从未走远

2018届　初三（10）班　魏楷文

有的人死了，他还活着。

——题记

是夜，天漆黑如墨，迷离中黑夜却有繁星闪烁。月色通明，似薄纱般温柔地披在了人间。

书房中，我望着书架上陈列许久的书，取出一本《时间简史》。手轻轻抚过枯黄的书页，指尖亲吻着有些褶皱的老纸，密密麻麻小如蚂蚁的黑字，清晰地映入眼帘，但不久就渐渐模糊了。不是因为岁月使痕迹模糊，只因心中的遗憾无法释怀，只得噙着泪，任水雾弥漫。

惨黄的灯光映射在心中，暗示着先人已逝的事实。这灯光好似不通琴音的黄毛小儿，用稚嫩的手拨弄着我紊乱的心弦。时空的距离，竟是这般遥不可及。

再向前回溯，满腹"乡愁"的余光中先生也已不再人世，正如他口中的飞仙，乘着云烟前往极乐净土。飞仙啊，你去乘风揽月，快活了自己，却留下后人无限的遗憾和沉重的敬意。

《寻李白》中"绣口一吐，就是半个盛唐"的豪情壮志今已不复；《乡愁》中"我在这头，大陆在那头"的深深眷恋之情无从发泄，只得细细品味、咬文嚼字、生生吞下。

时间真是无情，视生命为泥沙，只待急急冲去，不留痕迹，大公无私之下，又怎不是薄情寡义？但即使如此，伟人终有其法留名青史，终能挣脱时间与空间的羁绊飞跃内容与形式的间隙——他们，从未走远。

"李杜诗篇万口传"是诗仙太白，诗圣子美跨越千年与今人相伴之径；《时间简史》中探索宇宙奥秘所留下的经验之谈是霍金同全人类共进步的理想殿堂；人民英雄纪念碑上所刻的是那些英魂们对梦想的祖国的深情的凝望。世界上，历史上，无数的人和事都在用自己的方式与我们携手并进，从未走远。

"长风破浪会有时，直挂云帆济沧海。"也许，我们青少年，终究只能望向伟人的一个个背影。但，斯人已去，斯事未完。我们何不为实现他们的厚望，肩负他们的理想，向生命之塔不断攀登？似那爬上金字塔的蜗牛，怀揣着"世上无难事，只要肯攀登"的执着信念；似那搏击长空九万里的大鹏，有志做苍天之魂的凌云气概；似那苍茫碧海中的猛鲨，有逆转乾坤，搏击时空的嗜血疯狂。

他们，从未走远，长居我心，指引我为成为新时代的翘楚而努力进发。

是夜，我望向远方，只见一颗星冉冉升起，远处，是那群星闪亮。

## 评语

该篇作文文字激扬，斗志昂扬。

题记引用臧克家的诗，直接点明了文章缅怀先人的中心思想。

第一段通过描写月下读书时书页的"枯黄，有些褶皱"以及书房中"惨黄的灯光"，巧妙运用比喻与拟人；后两段中，举出余光中、李白与杜甫这三位先人，引用各自作品中的佳句。这些都体现了作者对先人逝去的痛心与无奈。

第六、七两段，从议论、引用，过渡到"先人已去，精神未完"这一主题。然后，第八、第九段，采用排比和比喻的方式，表达了作者的满腔热血与跟随先人的远大志向。

第十段中，采用了象征的手法，"一颗星冉冉升起"，是指伟大的先人出现了，而只有先人的指引，才有后人的飞跃，也就是"远处的群星闪耀"，更加突显了作者要成为这一颗"星"的抱负。

# 芳心入梦待明春

2018届 初三（10）班　魏梓静

　　不知不觉，已是深秋。转眼间我已步入初三，桌子上摆满了卷子与参考书，压力与日俱增。每天忙忙碌碌，一天天的考试使我有些颓废，心情也变得异常沮丧与失落。

　　周末下午，我和父母去洪湖公园，换换心情。漫步到荷花池，却只见一片寂寥的荷塘。一切都是那么凄惨。

　　偌大的荷塘，水中却只有几株已枯萎的荷叶。荷叶的绿色被黑暗吞噬，有的甚至只有几根发黑的叶脉在冷风中伫立。余晖透过叶脉，显出一丝寂寥。荷没有了以前的活力，只有单调的褐色；有了一层层皱纹，内部已经软掉，再也立不起来；没有了以前那样的阳光，也没有了一颗颗圆滚滚的莲子，留下的只有一个个发黑的空洞。蓬也无力地挺起身子，只能贴着水面，没有了以前的英姿。我的心也随着荷的枯萎失落起来。

　　想起初夏时，去洪湖公园，满池的荷花迎接着我们。每一片花瓣都没有一点尘埃的侵染，宛若在水中亭亭玉立的仙子，真是冰清玉洁。若拿茉莉、昙花和它们对比，便越发显得荷花脱俗。在荷花边，你会被淡淡的香气环绕，使你立刻想到"暗香浮动"。荷花的香气不像玫瑰、茉莉那样芳香扑鼻，它清清淡淡，若有若无，清逸幽雅。荷是那么的优雅、委婉。观赏荷的叶子，千姿百态，有的完全张开，有的卷曲待放，有的青翠欲滴，有的轻摇慢舞。

　　现在却没有了初夏时的美丽，只有残荷败叶被遗弃在池塘里。

　　但是，当我往那几株已经枯萎的荷看去，却突然发现有一株莲蓬里还有几颗莲子，有一颗刚好掉进水中，使水面漾起一波涟漪。莲子正是荷生命的延续啊！莲子掉进水中，那么来年初春又会长出新的芽，夏天又会开出美丽的花儿！莲子掉入水中荡起的水波唤醒了我，为什么要为残荷失落呢？来年这片池塘还会长出新的荷、新的叶、新的莲子，莲子会变成下一代荷，继续"唯有绿荷红菡萏，卷舒开合任天真"。

失落的心情随着莲子一并落入水中，我豁然开朗：即使遍地残荷，莲子依然能在来年成长为新荷；即使学习路上有很多困难与挫折，也一定可以占胜！

我不去想是否能够成功，既然选择了远方，便只顾风雨兼程。

——后记

## 评 语

"目阅残蓬怜瘦影，芳心入梦待明春。"初三繁重的学业使"我"的心情渐渐低落起来，原想去公园放松心情，却见满塘残荷，更显"我"心情的失落。低到谷底后，莲蓬中几颗不起眼的莲子引起了"我"的注意。正是这些新生命使"我""芳心入梦待明春"——残荷今年枯败，来年还有新莲子努力生长成为新荷；同样，眼前的困难也只是暂时的，只要努力，便可以越过学习上的一道道坎。

本文采用了双线并行的结构，明线是作者对待残荷的态度，暗线是作者对待学业上的困难的态度。二者相互关联，相辅相成。结尾采用后记的形式，引用汪国真的诗句，进一步深化了文章的主旨。

# 慢慢熬，熬出味道

2018届 初三（9）班 曾嘉怡

国庆佳节，我亲自动手为亲人熬了一锅罗宋汤。罗宋汤是发源于乌克兰的一道名汤，食材简单，操作便捷，但要熬出一锅美味的罗宋汤，要讲究两个字——耐心。

太阳刚刚从云层中探出头来，我便离开温暖的被窝，下楼买做汤的食材去了。番茄、洋葱、胡萝卜、牛肉……想到家人喝到美味的汤时的满足，我迫不及待地开始动手。先把番茄的皮用开水烫软，去掉，把番茄切成丁；然后把胡萝卜去皮，切丁；洋葱切丁。切好菜以后，准备切肉丁。我小心翼翼地把每一块肉都切好。接着，开火！用大火爆出洋葱与蒜结合的香味。"啪，啪！"刚把洋葱放入，因为油温过高，油溅了出来，与我的皮肤来了一个完美的碰撞。我下意识地缩手，心也荡起了涟漪，但给家人做出美味佳肴的信念战胜了疼痛。洋葱与蒜的味道渐渐溢满房屋。放入番茄、胡萝卜和肉块，翻炒一会后，倒入高汤，放进调料。"嘀嗒，嘀嗒……"时间一点点流逝。大火转中火，我目不转睛地盯着汤，汤里的食材尽情地摆弄着身姿；中火转小火，我舀起一勺，细细地品味。汤与食材完美融合，火红的、热情的色泽，让人眼前一亮。番茄被汤汁吸出了精髓，胡萝卜也被汤汁带走了力气，洋葱与蒜、调料的结合随着白雾在鼻尖萦绕着。

美味的汤终于熬成了，窗外下起了蒙蒙细雨，我心满意足地把汤端出去。"哇！"妈妈一脸惊讶地望着我。我盛起一碗汤，递给妈妈，手心里留下丝丝的余温。"丝丝缕缕的雨，好像与火红的罗宋汤很配哦！"我调皮地说着。然后又迫不及待地问爸爸妈妈："好喝吗？""嗯，好喝！"我也喝起了汤。一口热汤缓缓流进心间，抵制了冷空气，令心中荡漾起暖意。

其实，熬一锅汤，就像是学习的过程。汤慢慢熬，细细地熬，味道便被一点点熬了出来，最后就熬做出了一锅美味的汤。学习的路上，脚踏实地地走好每一步，耐心地克服重重困难，最后便收获了优异的成绩。也许，在这个过程中会有油滴飞溅，请不要害怕，因为你的身后永远有家人给予你勇气和力量，让你勇于面对。每一刀都切彻底，每一分火候都把握得恰到好处，那么恭喜你，一锅好汤将被你熬出来了。此刻，你只需享受其中的美味与甘甜。

慢慢熬，熬出味道，熬出耐心，熬出生活中点滴的幸福。

## 评 语

开门见山，点明文章主要的叙事内容。先从准备工作写起。早起去买食材，将番茄、胡萝卜等食材去皮切丁，开大火爆炒出洋葱与蒜的香味，放入其余食材，翻炒，过一会儿，倒入高汤，放调料，大火转中火，中火转小火，大功告成！其间大篇幅的细节描写，凸显了作者高超的写作功底，如"'嘀嗒，嘀嗒……'时间一点点地流逝。大火转中火，我目不转睛地盯着汤，汤里的食材尽情地摆弄着身姿""番茄被汤汁吸出了精髓，胡萝卜也被汤汁带走了力气，洋葱与蒜、调料的结合随着白烟在鼻尖萦绕着"。如此生动的语言太多了，在此便不再赘述了。倒数第二段运用类比手法，将学习的过程类比为熬汤的过程，浅显易懂。最后一段独句成段，扣题的同时也与文章内容相呼应，总结升华全文。

# 吃亏是福

2018届 初三（9）班 伍 政

郑板桥老先生说："吃亏是福。"这告诉我们，多一些付出，少一些索取，能给我们带来幸福。而他，让我对此有了更深刻的体会。

那一次，市里举行学生心理剧大赛，需要同学们自编、自导、自演。抱着为班级争光的想法，我加入了男生剧组。演员们投入地表演着：舞台上，陈天澜同学一展歌喉，迎来一片掌声；舞台后，郑植升和张晓同学的议论发人深省；教室里，王焕乐同学的"自卑"令人唏嘘不已……心理剧在同学们一起为王焕乐加油助威的结局中完美落幕。

正当大家高兴时，突然冒出了一个不和谐的声音："后期制作怎么办？"欢呼声戛然而止。在大家万分苦恼时，陈伟峰毅然决然地站了出来，说："我来吧。"我当时非常诧异，他为什么愿意做这种吃力不讨好的事。事后我问他原因，他的回答给了我极大的触动："为班级做事，不是应该的嘛！我们是一个整体，是一家人，在家里为什么还要斤斤计较呢？"

心理剧的最终效果，不仅取决于演员们的表现，后期制作也起了很大的作用。那个晚上，在大家的呼噜声响成一片时，我却被尿急给憋醒了。上厕所的同时，我还看了看手机，当时已是凌晨两点，却看见陈伟峰亮着的QQ头像在一排黑色头像中显得十分耀眼。我问他："你在干吗？"没过多久，他就回了我："我在剪视频啊！"第二天，当他顶着大大的黑眼圈把视频交给导演组时，还提供了一些宝贵的建议，他告诉我们在剪辑的过程中他发现哪些地方拍的不是特别好，哪里需要重拍，等等。我十分感动，他竟然牺牲自己的休息时间无偿为心理剧付出，他的精神让我敬佩。

终于，"功夫不负有心人"，男生们在比赛中大放异彩，进入区前十名，成功晋级市比赛。陈伟峰也成为"万众景仰"的幕后功臣。

吃亏，虽然意味着部分的舍弃和牺牲，但也不失为一种品质、一种风度。乐于吃亏的人总能赢得他人的尊重。

吃亏，是一种境界，是一种睿智，是一种宽容豁达的处世态度。愿我们都能以吃亏为荣，以吃亏为乐。

**评语**

　　"吃亏，虽然意味着部分的舍弃和牺牲，但也不失为一种品质，一种风度，乐于吃亏的人总能赢得他人的敬重。"古往今来，这样的例子比比皆是。东汉的"瘦羊博士"甄宇、乐于奉献的雷锋同志、"新东方"创始人俞敏洪……无不告诉我们——"吃亏是福"。

　　本文以郑板桥先生的名言开篇，引出"吃亏是福"的主题，然后通过叙述为心理剧比赛无私付出的同学的事例进行论证，最后对这一主题进行升华。文章思路较为清晰，事例中的描写也较为生动。但若在文中多加些自己的感悟和思考，文章就更深刻了。

# 吃亏是福

2018届 初三（9）班　陈伟峰

　　曾有人说："用争夺的方法，你永远得不到满足；但是如果用让步的方法，你可以得到比企盼更多的东西。"意思是说，一个不轻易和他人发生争执、懂得谦让、乐于奉献的人，总会有意外的收获。这就是所谓的"吃亏是福"。

　　古代发生过这样一个故事：有一年春节前夕，皇帝下令赏赐朝中每个大臣一头牛。牛有大有小，有肥有瘦。在分牛时，负责分牛的大臣犯了难，不知怎么分才能让大家满意。正当他束手无策时，一位大臣从人群中走了出来，说："这批牛很好分。"说完，他就牵了一只瘦牛，高高兴兴地回家了。众大臣见了，也都纷纷仿效他，不加挑剔地牵了一头牛就走。摆在大臣们面前的一道难题一下子就迎刃而解了。这位大臣既得到了众大臣的尊敬，也得到了皇帝的器重。对于这位大臣来说，吃亏不正是福吗？

　　在初二的一次校园心理剧比赛中，身为剧组的后期制作，我更加体会到吃亏也是一种幸福。

　　在制作视频的那几天里，睡觉的时间比平常少了很多。每次望向窗外，一片漆黑，夜空中连原先可以瞥见的几点星光也消失得无影无踪。家人纷纷睡去，若有若无的鼾声在屋中回荡，而我只能在一盏台灯和一台电脑的陪伴下孤军奋战。但我并不觉得这是一件痛苦的事情，看着视频一点点完成，丝丝缕缕的孤独寂寞早已荡然无存，心中只弥漫着阵阵自豪与成就。躺在床上，想象着同学们欣喜与满足的神情，我进入了梦乡……

一开始，我只是负责将所有的视频合成在一起，但是在剪辑视频的过程中，我发现了一些拍摄过程中的瑕疵，我也尽职尽责地报告给了剧组。这大概也是对剧组的另一种贡献吧，我想。

在激烈的竞争中，我们的心理剧大放异彩，竟然在数十个竞争对手中脱颖而出。面对老师对我们剧组的夸奖，我也能心安理得地接受，因为我曾经为它付出了努力。如果我偷懒，不去理会那些细节，也许我们便不会得到这次晋级的机会。

正如中国的那句古话所说的："吃得亏中亏，方得福外福；贪看无边月，失落手中珠。"只有肯吃亏，才能在成长的道路上披荆斩棘，走向光明。

## 评 语

有人说，吃亏的事只有智力障碍者才会做，但实际上，不懂得吃亏的人才是智力障碍者，因为他们没有体会过吃亏的福。文中的作者就是个很好的例子：为了班级的心理剧能顺利晋级，牺牲休息时间剪辑修改视频；在发现视频中的问题后，没有因额外增加工作量而视而不见，而是主动提出。这种乐于吃亏的精神值得我们所有人学习。

本文以古人的话开篇，并阐述自己对此的理解，点明"吃亏是福"这一中心。接着叙述了古代大臣分牛和作者自己牺牲休息时间为心理剧比赛付出的两个事例。最后以中国的古话"吃得亏中亏，方得福外福；贪看无边月，失落手中珠"收篇，发人深省。

# 触动我心灵的笑脸

2018届　初三（10）班　黄家瑜

　　眼睛弯成月牙，慢慢咧开嘴角——这是一张阳光灿烂的笑脸。它是那么简单，却又直抵我心灵的最深处。

　　我站在马路对面，等待着绿灯通行，看着飞驰的汽车，我有一些害怕。终于到绿灯了，我走在斑马线上，可这条路却允许红灯时右转，走到中间时，不断有车右转，却没有一辆车停下来礼让行人。绿灯开始闪烁，提醒着我们赶快过马路，有些人硬闯过去，看着真是叫人胆战心惊，我却没有勇气向前迈步。终于，有一辆车停下来耐心地等待，我望向车窗，那个人的嘴角微微上扬，朝着我微笑，示意我快过马路。后面的车开始鸣笛，使人厌烦。可那张短暂的笑脸，却温暖了我，触动了我的心灵。

　　我和母亲从外地回来，提着一个跟我差不多重的行李，我们费了九牛二虎之力才将它提到花园门口。我和母亲盘算着怎么把箱子提上楼，本打算让父亲来帮帮忙，可父亲有事在身。我和母亲坐在长椅上不知如何是好。天色渐暗，肚子开始哀号，饥饿催促着我。忽然，一个身材高大的人从我们身旁走过。他停了下来，大概是看出了我们的难处，便上前询问我们是否需要帮忙。我和母亲有些不好意思开口。在我们左右为难的时候，他却先开了口："我帮你们把箱子提上去吧。"在他的帮助下，我们终于把箱子提到了家门口，我和母亲连忙感谢他。我们想请他进门坐一坐，他却挥挥手婉拒了。他喘着气，脸上却露出了微笑。他转身离开，楼道里只剩下他离去的脚步声。这张笑脸就像阴雨天突然从云层后洒下的阳光，使我的心里不禁涌上一股暖意。

　　在生活中，笑脸总是随处可见，请别忽略它们，因为它们总能在不经意间触动我们的心灵。它们散落在天地间的每个角落，却带来了整个世界的温暖。

## 评 语

　　生活中从来不缺少笑脸，可它却又最容易被人们忽略。"真正值钱的是不花一文钱的微笑。"作者抓住生活中瞬间的"不花一文钱"的陌生人的笑脸，写出了笑脸背后"真正值钱的"触动心灵的温暖，带领读者走近一个温暖而美丽的世界。欲扬先抑的手法也是文章的亮点，两个事例都以不知所措的处境开头，充分描写了作者心里的焦急和无奈；然后笔锋一转，作者接收到来自陌生人的笑脸和善意，心一下子温暖起来。触动作者心灵的真的只是笑脸吗？更是那一张张温暖的笑脸下人们温柔善良的心灵吧。

# 暴风雨中

2018届　初三（10）班　赖泽勋

天已经暗了下来，乌云铺满了天空，遮掩住最后一丝阳光。霎时间狂风大作，猛烈的大风肆无忌惮地向这片古老的林海咆哮。风造雨势，不一会儿，密集的豆大的雨珠在空中形成一片雨帘，转眼间即是滂沱大雨。雨水击打着遒劲的松树，发出脆鸣声，似痛苦的哀号。

雨幕中，我紧紧地盯着面前的棋盘，下棋的手几欲抬起又放下。眼前的棋势十分严峻，对手的"黑龙"紧紧咬着我的"白蛇"不放，缠绕上来，不断地破坏我的续命手段。眼睁睁看着我殚精竭虑养出来的"白蛇"将要被对手吞噬，我开始变得焦躁不安，是放弃希望渺茫的防守另谋生路，还是孤注一掷，在绝境中寻得一线生机？

雨下得更大了，狂暴的雨夹杂着肆虐的风，所过之处摧枯拉朽，连参天大树都难负重担，颓然倒下。连绵群山上，一只孤傲的苍鹰在毫无遮拦的天空中翱翔。它的鸣声凄厉疯狂，它的翅膀雄健有力，它的眼睛放射光芒。它，似苍天之魂，忍受暴雨侵袭，不屈不挠，与暴风雨搏斗厮杀。

正当我无可奈何，准备另谋生路时，对手突然一改咄咄逼人的攻势，开始谨慎起来。我心一动，凝视观察，竟发现一条活路：对方企图吃掉我的"死眼"。在围棋中，这种互吃死眼的下法叫"打结"。我如果能拿下"死眼"并填上它，就能保住我的"白蛇"！

暴风雨似乎被激怒了，暴烈地向空中的苍鹰宣泄它的怒火。飓风滔天，大雨弥漫，无不让这只雄鹰举翼难飞。它发出一道道清厉而不屈的长啸，顽强

103

地扇动翅膀，向更高、更远的天空飞去，好似它的终点是广袤无垠的宇宙。

棋势陷入一片僵局。我与对手在"打结"，不断争夺着"死眼"。我们双方不停地进攻对方的领地，逼迫对方防守来从而掌握"死眼"。对手的招数开始捉襟见肘起来，他的进攻显得踌躇不前。

惊风遏云的鹰唳不断响起，不羁的苍鹰仍在与暴风雨进行殊死对抗。它不顾一切地向上盘旋飞行，任由凶猛的雨珠击打着它早已疲惫不堪的身躯。风急雨骤，它前进的难度不断增加，可那苍鹰浑然不顾，依旧抬起高贵的头颅，不羁地挥动翅膀。

"打结！"随着我的第十一次叫喊，对手已萌生退意。他紧皱着眉头，汗水顺着脸颊缓缓滑落。他看着锲而不舍的我，一咬牙再次进攻我的腹地。我心一横，无视他的进攻，一枚白棋落下，最终填上了"死眼"，使其变为"活眼"守住了"白蛇"。对方手一颤，心理防线也随之失守，最终我艰难翻盘，取得胜利。

高尔基曾在《海燕》一文中呐喊："让暴风雨来得更猛烈些吧！"正是因为暴风骤雨的洗礼造就了人们无限的可能；也正是因为有苍鹰般不屈的探索者，才有人类如今的辉煌。喷泉的高度不会超过它的源头，人的潜能也不会超过他自身的信念。在暴风雨中，我不忘少年凌云志，披荆斩棘，排除万难，砥砺前行。

## 评语

　　本文使用双线并行的形式，以"我"与苍鹰为主角，叙述了两件事——苍鹰与暴风雨搏斗和"我"与人下棋。开头运用环境描写写出雨势之大，随即切换角度到"我"与人下棋时深陷窘境；中间另一个主角苍鹰强势出场，与暴风雨决斗厮杀，而"我"也在棋局中与对手战得难解难分；结果不羁的雄鹰不顾疲惫，以不屈的意志战胜了暴风雨，而"我"也步步逼近，最终以蛇吞龙赢得了胜利。

　　"天已经暗了下来，乌云铺满了天空，遮掩住最后一丝阳光。霎时间狂风大作，猛烈的大风肆无忌惮地向这片古老的林海咆哮。风造雨势，不一会儿，密集的豆大的雨珠在空中形成一片雨帘，转眼间即是滂沱大雨。雨水击打着遒劲的松树，发出脆鸣声，似痛苦的哀号。"这一段环境描写堪称神来之笔，用拟人的手法，传神地写出了风雨的肆无忌惮、声势威猛，暗喻其棋势不妙。用"黑龙""白蛇"体现自己棋力不济，也为下文蛇吞龙的精彩好戏做了铺垫。"蛇虽小，但亦能吞龙"的豪情壮志一览无遗。

　　结尾用喷泉这一喻体和名言来画龙点睛，点明了文章的主旨，抒发了自己不畏风雨，砥砺前行的情怀。

# 不负那一片白雪

2018届 初三（10）班　江思雨

"崇祯五年十二月，余住西湖。"

无意中被震落的语文书就这样摊开，像一只鸟儿张开它雪白的羽翼。这句话映入我眼帘，我的手微微一颤，嘴角不由自主地勾起。

初见这句话，是在落雪季节之前的秋天。那时黄叶落满来时的路，常有爽朗的秋风拂过发梢，不时有人字形的大雁掠过天空。就是在这个时节的语文课堂上，我与它相遇，那篇我最为喜爱的古文——《湖心亭看雪》，作者：张岱。

想到这里，我不由得把书捧起，轻声诵读起那一字一句。

"大雪三日……独往湖心亭看雪。"

吟诵至此，我将眼眸轻合，眼前便浮现这般画面：雪，整整下了三天三夜，张岱先生披皮毛大衣，捧小火炉，一人置身于鹅毛大雪中。他呼出的气，在寒冷的温度下液化为一片白雾，掩住了他的眉眼，却掩不了他的欣喜。周围一片寂静，"人鸟声俱绝"，一派空灵景象。先生嘴角微翘。可是因在这方天地间听见了那雪花飘落的声音？

他笔下这场穿越百年光阴的雪，是如此澄澈空灵，好似人间真绝色，不夹杂任何强加予雪的感情。这一刻，雪即是雪。是否正因为如此，这场雪才如此动人？

我缓缓睁开眼眸，轻抚这一字一句，心中似有细线紧缚，闷闷的，生疼。如今，恐怕再难见这般好的雪了。

这颗蓝色星球正在经历着一个高速发展的时期，人们追求利益最大化。

工业的高速发展使那一片片绿意被冰冷的钢铁怪物快速吞噬；工厂烟囱里不断冒出的黑烟，不仅染黑了天空，更遮蔽了人们的双眼。这一刻，那纯净的雪，是如此遥远。

雪终究是落下了，即使无人为它的到来而欢欣，它依然沉默地落满大地。无论肮脏还是美好的地方，它都落下。但那裸露的黑色土地，却又在无声地诉说着什么。

百年光阴不过弹指一瞬，猛然回首才惊觉早已是沧海桑田，那位用清澈双眼观雪的张岱先生，被岁月这条河流淹没。

故有人道："时光残忍，世事难料，转瞬之间便已变化万千。"但我觉得时光是温柔的，它带走了一些东西，却也留下了另一些东西。

比如，抬头观雪的那一刻，好似又看见了那位为这大好山河银装素裹展颜的张岱先生。

不论是非，只愿你披星辰，行世路，能够不负美景，不负曾经的一腔孤勇，不负此心，不负自己。

我将书本轻合，任此刻四周喧嚣，以笔为剑，以梦为马，披荆斩棘，只为不负这年少时光，不负那个"曾许人间第一流"的自己。

## 评语

本文文笔清秀，极具感染力。

开篇引用《湖心亭看雪》中的话，既暗示了下文的内容——雪，又能引起读者阅读兴趣。接着，用虚写生动地再现了《湖心亭看雪》中的那种物我茫茫、天人合一的境界，更体现出雪的凄美与张岱的孤傲。

第八段，通过描写自己内心对雪的惋惜，自然而然地过渡到下文中对当今环境的描述：雪已很罕见了，即使落下，也似乎少了以前的那种空灵——昔日的那位凭栏望雪之士张岱早已不在。

第十二段起是文章的第二次转折，也是文章最含蓄的部分。通过表达自己对时间的认识——"它带走了一些东西，却也留下了另一些东西"，然后举例——观雪时，好像又看见张岱先生，从而点明了文章深刻的主旨——昔人不在，风韵犹存。同时借张岱先生坚持高洁的操守，不负洁白的雪，表达了自己也要坚持奋发向上，不负青春韶华的乐观态度。

# 花 叶

### 2018届 初三（9）班 唐 婕

　　木棉枝头上的黑色小花苞，吐露出蕴含已久的鲜艳，本应坠落的残枝枯叶还连着一丝线倒挂在树上，披拂着风，一摆一荡。

　　与它们不同的，是教室那侧的树。枯黄的枝叶在上个秋天虽被不可抵御的四季交替揪进了暗无天日的地底，却成为下一茬新叶的助力。而新叶也不负众望，在今年的开春，便晃出了这满树碧翠。深深浅浅的绿交错遮掩，风来时窃窃私语。

　　课间休息时，我喜欢望向树的这一边，因为在玻璃的倒影下，我可以同时看到新生的叶和蓬勃的花。将这花与叶夹杂、交错，就成了我们当初拍着胸脯对全校许下的誓言与决心。它是云是风是山是海，是渔夫手中稳妥的渔线，是哈姆雷特紧紧攥着的剑。

　　我们可能没有科波菲尔式的经历，但是我们凭借着手中这支笔，或许也能谱写出刺客卡尔的信条；我们也没有黄公道"花无人戴，酒无人劝，醉也无人管"的境况，但凭借着满腔的热血，我们也可以谱写出李白"弓弯满月不虚发"的洒脱……正如贝多芬所说："那扼住命运咽喉的，不就是眼前这只日日夜夜年年月月形影不离的手吗？"

　　我们对其起誓的，是一条为我们自己铺就的道路，是为自己的最终目标所付的汗水与决心，是一条无法调头的单行道。

　　我们像住在大草原上一样遗世独立，拥有属于自己的磨砺、汗泪和梦想。我们也许会像堂吉诃德一样固执己见、格格不入，也许会有和少年维特一样的烦恼，也许会有葛朗台般的执迷不悟，但我们都像山上的小海蒂一样，追逐自己的心之所向，不为尘世所束缚。

现在正是努力的最后关头，任他汗流浃背筋疲力尽脚步飘然，一眨眼就过的事情，何乐而不为？

忽然感觉眼睛酸痛，抬笔轻揉，窗外的一朵木棉正翩然而下。

## 评语

本文一个特大的亮点就是举出了许多名人的事例，如哈姆雷特、科波菲尔、卡尔等，这一系列的举例无不给文章增光添彩，同时也体现了小作者广泛的阅读面。第四段的结尾"那扼住命运咽喉的，不就是眼前这只日日夜夜年年月月形影不离的手吗？"既引用了名人名言，又为下文由名人写到自己做铺垫。结尾一句"忽然感觉眼睛酸痛，抬笔轻柔，窗外的一朵木棉正翩然而下"，呼应前文，留下无限美感。

# 雨

## 2018届 初三（9）班 陈俊熹

雨，来自天上，降落在这布满尘埃的世界。雨，是为了冲洗世间的污浊、还世间一个清净而来的吧？

我喜欢雨，我总觉得它是上天派来的使者，我的生活因它而精彩。

雨总是喜欢在青石板上日复一日地讲述"滴水穿石"的故事，尽管那需要时间；雨总喜欢在冰冷的窗户上锲而不舍地描绘那"一石激起千层浪"的盛景，尽管它激起的只是小小的水纹；雨总是喜欢在花花绿绿的伞上孤独地倾听《生命交响曲》的真谛，尽管一不留神会把自己摔得粉身碎骨。

这便是雨，大自然里执着的精灵。

轻风拂过，细雨绵绵，雨丝交错杂乱地结合在一起。"随风潜入夜，润物细无声。"绵绵细雨落在地上，它并不求电闪雷鸣追随，它悄悄地来，悄悄地走，无声无息地滋润着万物，淅淅沥沥，宛如轻快的琴声，在天际荡漾，沁人心脾。

细雨绵绵，滋润我干涸的心田，抚平我心灵的创伤，让我感受到大自然的美妙。细雨过后，展现在世人面前的，是一朵又一朵娇艳的鲜花。

没有顾虑，没有担忧，没有保留，为了冲洗掉世间的尘埃。狂风暴雨接踵而来，轰轰烈烈，电闪雷鸣。风夹着雨星，像要在地上寻找什么似的，东一头、西一头地乱撞。路上行人刚找到一个避雨之处，雨就噼噼啪啪地下了起来。雨越下越大，很快就像瓢泼的一样，似一个大瀑布。一阵风吹来，这密如瀑布的雨被风吹得如烟、如雾、如尘。暴风雨，就是这样，轰轰烈烈地来，轰轰烈烈地走，让所有人都注意到它的存在。

"举世皆浊我独清，众人皆醉我独醒。"在这滚滚红尘中，人们的心灵被蒙上了一层又一层的尘埃，掩盖了纯洁的本性。在狂风暴雨的日子里，我情愿冲到外面，让无情的雨冲击我的心灵，荡去我身上的尘埃……

**评 语**

　　本文文字优美细腻。文章开头，就提出了作者对雨的独特见解："雨，是为了冲洗世间的污浊、还世间一个清净而来的吧？"这样开头，引发读者思考，也为结尾的升华做铺垫。接着，文章运用排比句写出雨的执着追求："雨总喜欢……，尽管……"然后，作者详细写了雨和暴雨来时的不同情形。最后，作者由雨及人："在狂风暴雨的日子里，我情愿冲到外面，让无情的雨冲击我的心灵，荡去我身上的尘埃……"富有哲理，发人深省。

# 回响在心底的声音

2018届 初三（9）班 吴婧嘉

世间有狂傲的风声，有细微的昆虫拍翅声，有洋溢着激情的波涛声，有无力却自信的枯叶落地声，有人行道间不绝于耳的脚步声。

我最喜欢的是有着节拍韵律的雨声。

雨声绝不只有离别、伤悲之意。在我的成绩不如意时，雨会打落在我干燥的衣服上，迅速绽开一朵水花。没有尽头的雨，也许带着一丝嘲讽，但是它立即又带着安慰轻轻说："任何一个人的内心都不会永远被伤心挤满，更不会永远在忧郁中度过一生。但前提是，他是一个坚强的人。"雨说罢，便渐渐小了，行人也纷纷收起了伞，踏着被打湿的地砖，朝着洒满阳光的远方走去。

在与他人闹矛盾时，脚步里带着若有若无的火花，可刚冒出就被雨浇灭了。踏进一潭积水，微微的凉意从脚底透入，使整个人清醒。雨说："没有人能总随着你的心意，就像没有一个人能陪着另一个人到永远。将心比心，才能在一方土地上长久立足。"雨带着稍稍尖利的语气，也没有就此停住。打在伞上的雨滴，顺着伞面滑过衣袖，证明它存在过。可这又是那么短暂，只留下很容易被抹去的痕迹。

在我因为得到喜欢的东西或是取得不错的成绩之后，那雨就像伴着乐章演奏，我随着旋律的变化踩着晶莹的水花。雨说："人可不能在快乐里沉浸太久，否则最后迎接的只有被扑灭与消亡。"很平静的语气，听不出有一丝波澜，可听者的情绪像是在翻腾。雨还有很多想要说的箴言吗？

雨的话回响在我的心里。字字交织，荡成一圈圈的涟漪，落成一潭清池。浮在水面上的，是它所述的哲理；折射出的光，是不一样的历程。

雨声啊，你是我回响在心底的声音。

## 评 语

　　淅淅沥沥的雨声，是生活中再平常不过的声音了，作者却赋予雨以生命，雨滴像是一个个小精灵，悄悄诉说着她心底的声音。雨甚至有着不同的语气——"带着一丝嘲讽，但是它立即又带着安慰轻轻说……""稍稍尖利的语气""很平静的语气"与当时的雨势相照应，生动而富有画面感。"行人也纷纷收起了伞，踏着被打湿的地砖，朝着洒满阳光的远方走去。"这样的句子，让读者似乎能透过薄薄的纸张，看到那个眼里闪着哲思的光芒，微笑中又带着阳光与希望的女孩。五段式的作文结构使全文条理清晰，结尾"雨声啊，你是我回响在心底的声音"点题，也让读者发现：为什么作者能听见雨滴的话语？正因为她是一个用心感受生活的女孩。

# 触动我心灵的白莲

2018届 初三（10）班　苏子荀

白莲傲然地挺立着，在碧绿荷叶的映衬下，更显清幽。

初遇白莲，是在那"接天荷叶无穷碧"的夏夜，我为她高洁的品格所震撼。

走上公园的小桥，倾听着耳畔清凉的风，我信步于夜色之中。

偶然的一瞥，她，悄悄走入我的视线。

于是，空气间都浸润了一层若有若无的幽香。此时的白莲，在银白的月光中，轻轻摇动，似一位清丽脱俗的舞者，在万籁俱寂时轻摇着身体，摇出优美的舞姿。

只是，黑夜浓浓，四下无人，一片寂静。明知道不会有哪位作家用华美的语言将它描绘并写入书本里，她却仍婷婷而立；明知道不会有哪位画家用绚丽的色彩，将她涂抹在画布上，她却仍傲然地舞着。也许她的舞姿终究要随着夏夜的风散去，不过她不介意，只是报以一个淡然的微笑。因为她知道，舞动不是为了赞美，而是为了追求。

高洁的追求就是全部生命的本质。这，就足够了。

再见白莲，已是"红藕香残玉簟秋"的晚秋时节，我为她无私的奉献所感动。

秋风萧瑟，落叶纷飞，我又来到这片曾让我流连过的池塘边。

小桥仍在，古亭依旧，只是，原来的她早已离去。

现在的她，优美已被时光冲刷干净：白色的花瓣已黯然失色，有些飘落湖面，有些被风吹到岸边，就连那仅存的也是残损枯破；花蕊在呼啸的风中仄歪着，原来那鲜艳的黄色也疲倦了，现在蜷缩成沉重的褐色。此时的白莲，疲惫地靠着旁边已经枯萎的荷叶，独自憔悴着。

正可叹之间，却见隐隐的有莲蓬从残叶中露出，一个，两个，三个……

原来，昨日的白莲已经化成这一个个碧玉般的莲蓬，莲子镶嵌其中，露出一个个圆圆的小脑袋，窥探这美丽的世界。

我不禁心中狂喜，一年一年，白莲就是通过这样的方式生生不息，留下一世又一世的清芬曼影。质本洁来还洁去，尽留芳菲在人间。

## 评语

本文前半部分写出白莲高洁的追求以及曼妙的身姿，浓墨重彩地描写了黑夜下白莲孤芳自赏的寂寞，突出了白莲不求名利、洁身自好的品质。文中巧用拟人和比喻，生动形象地写出了白莲黑夜下的舞姿，为文章增添了不少文学色彩。

后半部分又以再见白莲做结，晚秋的白莲早就失去优美的姿态。"优美已被时光冲刷干净：白色的花瓣已黯然失色，有些飘落湖面，有些被风吹到岸边，就连那仅存的也是残损枯破；花蕊在呼啸的风中仄歪着，原来那鲜艳的黄色也疲倦了，现在蜷缩成沉重的褐色。此时的白莲，疲惫地靠着旁边已经枯萎的荷叶，独自憔悴着。"此句描写了白莲的憔悴，但是后文又写到"正可叹之间，却见隐隐的有莲蓬从残叶中露出，一个，两个，三个……"巧妙地写出了白莲"化作春泥更护花"的情怀。

下 篇

# 文题讲堂

# 题目 1

# 我读懂了＿＿＿＿＿＿

📖 写作指导

　　我读懂了＿＿＿＿这个题目的横线上可填的内容十分广泛，下面分别从人、物、情三个方面分别进行分析。

　　首先，是人。写人大致可以分为两类：一是身边的人，如亲人、老师、同学等；二是历史或文学作品中的名人，如高尔基、杜甫、李白、林黛玉、保尔·柯察金等。无论是写身边的人，还是写名人，都要注重通过叙述具体典型的事例来表现人物的性格。叙述多件事时，语言要简练明确，注重运用各种人物描写手法展现人物品质。如果写名人，则必须先查阅关于名人的资料，了解他的经历、作品以及后人对他的评价等，认真思考他身上闪现出的可贵品质。但要注意不能大段转述人物经历，既然是"我读懂"，那么文章重点应是自己对人物的感受，对人物性格的解读。如后面的第一篇范文《我读懂了纳兰容若》，虽然大量引用了纳兰容若的词，但更多的是作者对纳兰容若性格的理解与慨叹。

　　其次，是物，可以是具体事物，也可以是抽象事物。具体事物，如梅花、白杨、翠竹等，在写作时应思考它们所蕴含的道理或代表的品质。抽象事物，如成功、宽容、挫折、勇敢、坚强等，写这类文章要表现自己的心路历程，如写读懂挫折，可以先提出自己或他人对挫折的误解，再通过写几件挫折让自己（或名人）成长的事例表现自己在慢慢改变对挫折的看法，最后议论自己对挫折更深层次的见解，点明"读懂"挫折。

　　最后，是情，包括亲情、友情、师生情等。写作时要注意选取细微、具体的事例来表现情感。如后文的《我读懂了母爱》，就从妈妈泡的一杯咖啡这个细小的事件入手，于细微之处体现真情，母爱就真实感人了。但同样，叙事之后必不可少的是自己的议论与抒情，才能突出"我读懂"。

## 范文

# 我读懂了纳兰容若

2018届 初三（9）班 许欣然

三百多年前，那个让人扼腕长叹、伤感不已的千古奇才跃然眼前。在万里红尘中徜徉着的是一位白衣胜雪、风度翩翩的儒雅公子，是一位英俊潇洒、风流倜傥的少年才子。

"别有根芽，不是人间富贵花。"他在短短三十一年的人生中，看尽了这个世界的富贵云烟、爱恨情仇。最终，惊鸿一瞥后，一缕轻灵的魂魄，化为烟尘，一去无踪。

"谁念西风独自凉，萧萧黄叶闭疏窗，沉思往事立残阳。被酒莫惊春睡重，赌书消得泼茶香。"纳兰容若是幸运的，寻到了人生的伴侣，"得之我幸"；他也是不幸的，失去了自己的幸福，"失之我命"。这俗世的喧闹与身世的显赫让他不屑于此，从而更加冷眼旁观官场的钩心斗角。碌碌红尘中，他只愿与妻在合欢树下，"赌书消得泼茶香"。

"风絮飘残已化萍，泥莲刚倩藕丝萦；珍重别拈香一瓣，记前生。人到情多情转薄，而今真个悔多情。又到断肠回首处，泪偷零。"纳兰容若一生痴情，抛下荣华富贵，却舍不得一世纠缠错节的千万青丝。他与妻阴阳两相隔，以梦相依。那个知他、懂他的人早已尘归尘、土归土了。也许，他本该是天上那高洁如玉的白云，奈何错落红尘，注定一生惆怅、一世情伤。

"山一程，水一程，身向榆关那畔行，夜深千帐灯。风一更，雪一更，聒碎乡心梦不成，故园无此声。"这个遗世独立、风雨兼程的跋涉者，仰叩苍天追问大地，何处为归属，几时可踏归。

"家家争唱《饮水词》，纳兰心事几人知？"他的寂寞来自万事无缺。徐元文在《挽诗》中赞美纳兰容若："子之亲师，服善不倦。子之求友，照古有烂。寒暑则移，金石无变。非俗是循，繁义是恋。"纳兰容若重情，也重义。"明月多情应笑我"令人惊艳。纳兰容若词中多是扣人心弦的友情。

纳兰容若的词中更有雄浑郁勃之美，境界宏大，景物壮美，颇有些许晚唐气势。当我轻翻《纳兰词》，拈一朵情花，呷一口墨香，透过三百多首婉丽隽秀、明净清婉、感人肺腑的小令长调，在最美的诗词中邂逅了纳兰容若，以诗鉴心、鉴情、鉴人，我读懂了纳兰容若。

## 评 语

纳兰容若，一名才华横溢、经历非凡的诗人，在同一年龄段，许多学生都还对这个名字比较陌生的时候，小作者多处引用诗句并抒发自己对纳兰容若的敬仰之情。例如，"谁念西风独自凉，萧萧黄叶闭疏窗，沉思往事立残阳。被酒莫惊春睡重，赌书消得泼茶香"。如此有美感的诗句，使文章富有诗情画意，同时又不让过多的诗句将自己的情感埋没，这是最难能可贵的，也是文章最突出的闪光点。

# 我读懂了林徽因

2018届 初三（9）班　唐卓蓉

世俗，就似浓雾。常年行走于世俗，品尝生活中的柴米油盐，人会被红尘埋没。南方，却傲然挺立着一枝白莲，她不追随世俗、不随波逐流，她不奉承别人、不趋炎附势，她只是静静地立在那里。

## 看花放蕊树凋零

年轻的她，在花儿一般美好的年岁里，却是病魔缠身，不得已去香山养病。她没有因此变得柔弱，她仍是那个安静似水的女子。养病期间，她没有变得无所事事，而是继续她的诗词之旅："催一阵急雨，抹一天云霞，月亮，星光，日影，在在都是她的花样。"红尘中的浓烟也没能洗脱她的清丽，她自身带有的浪漫从未泯灭。她的诗意被那些美好的生灵唤醒，她的诗，没有对病痛的埋怨："看花放蕊树凋零，娇娃做了娘，叫河流凝成冰雪，天地变了相。"虽是描写冬景，但言语间夹着爱，夹着希望。这时的她同徐志摩再无爱恋之情，或许，两人之间只存有一种相惜的知己情。"鲜妍是你的每一瓣，更有芳沁，那温存袭人的花气，伴着晚凉。"与知己品茗夜谈，再美好不过。即使两人拥有过曾经，但那却被永远封印，徐志摩于她，不过是过路烟云罢了。

## 你是人间四月天

这个时候，她已经三十岁了，不似当初那个懵懂的女孩，徐志摩也去世多年。她没有选择沉沦，而是选择忠于自己的事业。她的足迹遍布大江南北，她将自己埋没在红尘中。她并未变成凡妇，她仍是她，出淤泥而不染。

"你是一树一树的花开，是燕在梁间呢喃，——你是爱，是暖，是希望，你是人间的四月天！"她的诗词一如既往地隽永。在她心中，春天是那么美好，充满了爱，充满了暖。即便岁月侵蚀了她的容颜，她也会是那个令我们频频回首的人。

## 溯回流水

万物均有消亡之时，人亦是。她到了她人生中的秋天，在一切的辉煌过后，又归为平静。她一路随遇而安，没有太多的涂涂改改。

我读懂了你，林徽因。

### 评 语

本文以林徽因的诗句作为三个小标题，写了林徽因人生历程的三个阶段：青年、中年、暮年，串起了整篇文章，结构分明。第一层引用她的几句诗，表现了她不随俗浮沉、乐观豁达的美好品质。她虽仍深爱徐志摩，但她不为情所困，勇于割舍过去的情感，结束一段旅程，洒脱地开启新一段旅程。这便是林徽因，她为自己而活。第二层写她对于事业的坚守和热爱。第三层写她落叶归根，结束她高洁的一生。文章文笔优美，富有诗意，有自己的见解与感悟。林徽因是当代女性的楷模，她所拥有的精神与心境，正是我们所缺少的。她活成了自己想要的样子，有意义的人生应当如此："一身诗意千寻瀑，万古人间四月天。"

# 我读懂了李清照

2018届 初三（9）班 袁梓晴

"李清照"三字一出，或许是无人不知晓了吧。"千古第一才女""千古词后"这些称号，大概是对一个女子最高的赞誉了。历史的时光走过五千年，能够被世人铭记的那个封建社会中的女子又有多少呢？但是她被人记住了，而且一记，便是"千古"。

历史课本写道，她生活在"两宋之交"。乍一看，不觉什么，只是一细想，这四个简简单单的字的背后，掩不住的是时代的无奈与悲凉。

## "倚门回首，却把青梅嗅"

李清照的早年生活大概是所有古代女子都向往的理想生活了。出身书香门第，开明的父亲和知书达理的母亲，造就了李清照那样一个名门闺秀。她却又不似一般的闺阁小姐，她的身上，有着更多的活泼、大胆与灵动。她很幸运，在那个婚姻是"父母之命、媒妁之言"的时代，嫁与堪为知己的赵明诚。婚后两人情投意合，生活平凡而美好。这段时光中的她，写的都是两人的生活，甚至与当时的封建"道德"观念有些"出格"。但我读懂了她，那是一个率真女子对生活最美好的写照与向往。

## "云中谁寄锦书来？雁字回时，月满西楼"

可命运大概终归见不得谁圆满，李清照之父李格非被列入"元祐奸党"之列，李清照竟也被牵连。无奈之下，夫妻二人只好分离。于此时，李清照第一次感受到了世事无常。我读懂了她，她也不过是一个渴望安稳的普通女子。

　　而后，蔡京罢相，李清照与赵明诚二人团圆；后蔡京又复相，赵明诚父亲赵挺之被其诬陷入狱，而二人只得屏居青州。后十年，作《金石录》，暂得安宁。

### "生当作人杰，死亦为鬼雄"

　　乱世之中，安宁终是无法长久。金兵南侵，北宋灭亡。李清照夫妻无奈南渡，藏品却在途中失去大半。南宋朝廷一味与金妥协，李清照对南宋朝廷的态度十分不满。来到乌江项羽自刎之处时，她作了一首《夏日绝句》，讽刺南宋朝廷的无能。我读懂了她，她有着一位文人的胆识与爱国情怀。

### "寻寻觅觅，冷冷清清，凄凄惨惨戚戚"

　　可厄运并非到此为止，赵明诚在返回建康时病逝。李清照或许并没有想到，生离到死别竟如此容易。她只身一人颠沛流离，仅存的藏品又丢失大半。她于病中再嫁，却仍没有得到她渴望的平静。张汝舟只想要她的珍藏，而被李清照知道后，她为数不多的藏品都被她收起来。张汝舟得不到，于是对李清照拳脚相加。向来清高的李清照自是无法忍受。可在那个女子地位低下的时代，或许许多的女子只会选择在煎熬中度过余生，听从命运的安排，逆来顺受；李清照却反其道而行之，虽在当时妻告夫要受三年的牢狱之苦，她也义无反顾，告发了张汝舟的欺君之罪，得以离开。命运最终还是眷顾了这个饱受苦难的女子，在亲友的营救下，她被关押九日后获释。我读懂了她，她有着一个才女的坚韧与傲骨。

　　我读懂了李清照，她其实很简单。她不过是一个平凡的女子，一位普通的文人。而她又是不平凡的，身为女子，她傲骨铮铮；身为文人，她"别是一家"。我不知道该不该叹她生不逢时，那个动荡的时代，成就了"千古第一才女"李易安（李清照，号易安居士）；可那个时代，同样让这个清丽婉约、才情甚高的李清照在尘世间苦苦挣扎。

### "如今憔悴，风鬟霜鬓，怕见夜间出去。不如向，帘儿底下，听人笑语"

　　"落日熔金，暮云合璧，人在何处。染柳烟浓，吹梅笛怨，春意已然知几许。"才女迟暮，再不见当年那个回首嗅青梅的女子。千年时已尽，不知历史又磨灭了多少不为人知的印记。我们也只能再捧《漱玉词》，读一读她。

## 评语

　　本文先以介绍李清照在文学史上的崇高地位开头，再运用五个小标题，叙述了李清照坎坷又非凡的一生。文章结构清晰，文笔优美，展现了小作者对李清照的深刻思考。本文小标题处大量引用李清照的诗句，在结尾抒发自己对李清照的理解，如"我读懂了她，她也不过是一个渴望安稳的普通女子""我读懂了她，她有着一个才女的坚韧与傲骨"等，点明文章标题，主旨明确。李清照被称为"宋代最伟大的一位女词人，也是中国文学史上最伟大的一位女词人"，她的人格像她的作品一样令人崇敬，贤淑又刚烈——"以平民之身，思公卿之责，念国家大事；以女人之身，求人格平行、爱情之尊"。她的魅力，穿越时空，直击人心。

# 我读懂了母爱

2018届 初三（9）班　陈灏邦

常言道："父爱如山，母爱似水。"但是我觉得母爱有时候更像一杯味浓香甜的咖啡……

——题记

白色的灯光下，我的笔在作业本上"沙沙"作响，母亲跑上跑下，来回忙碌着，厨房里不时地传出"交响乐"。我望着母亲繁忙的身影，不禁出了神。母亲见我停笔不写，小心翼翼地走过来，轻声地问我："困了吗？"我猛地惊醒，朝着母亲微微地笑了笑，又继续把头埋在书海中。当我再次抬头时，发现面前已经多了一杯热气腾腾的咖啡。望着那徐徐上升，又悄然消失在空气中的热气，我陷入沉思。

在我的记忆里，母亲一直是我的良师益友，有时我们还会互相开玩笑，温馨融洽的气氛在我们之间弥漫。但是昨天，我在和母亲开玩笑的时候说错了一句话，母亲十分生气。但她仍旧做着她每天的"任务"：为我做可口的饭，在学校和家之间奔波，接送我上下学。这时，我意识到自己的不懂事：我不该无视她头上多出来的缕缕银丝，不该无视她渐渐增多、挤满额头的皱纹，不该无视她为我付出的点点滴滴。

在这个宁静的夜晚，我领悟到母爱有时就像是一杯咖啡，虽散发着苦涩的气味，香甜却总是隐藏在最下面。只有细细品尝到最后，才会察觉到它的浓郁清香。

一阵萧瑟的晚风吹来，我不禁打了个寒战，母亲轻手轻脚地走过来，摸摸杯子，温和地说："咖啡凉了，我再帮你换一杯。"是啊！茶凉了还可以兑水，但是咖啡凉了只得再换一杯，而母亲对我无私、纯真的爱，不曾更换过一滴水。

十五年来，我喝过许多杯咖啡，也许它们的味道比这杯咖啡更醇香浓郁，但这杯咖啡之所以令我口口留香、细细品味，是因为它有着道不尽的苦尽甘来。

在一个宁静的夜晚，一杯苦涩又香甜的咖啡，让我读懂了母亲对我无言却有意的爱。

## 评语

　　文章从妈妈沏的一杯咖啡这个小切口入手，将母爱比作一杯咖啡——"虽散发着苦涩的气味，香甜却总是隐藏在最下面。只有细细品尝到最后，才会察觉到它的浓郁清香"，再逐渐提升到自我反省、真切感悟母爱的心灵。文章绝妙地运用咖啡这一物象，类比母爱这难以言表的意象："茶凉了还可以兑水，但是咖啡凉了只得再换一杯，而母亲对我无私、纯真的爱，不曾更换过一滴水。"这样细腻的文章，读来真实感人、情真意切。

当横线上填人时，以下两篇文章可供参考：

# 我心目中的英雄

2018届 初三（9）班 黄家华

　　"一将功成万骨枯。"他的背日渐佝偻，他的发逐渐斑白，岁月在他身上留下了或深或浅的痕迹。但岁月无法改变的是他镌刻在我心中的形象，如英雄一般凛然，永远屹立不倒。

　　在弥漫着各种药水气味的医院里，我曾目睹他工作的情景。在手术室里，他的眼睛盯着针管，控制着药品的用量。他谨慎地把关手术中的每一个环节，生怕出一点闪失。他推开手术室的大门，走出手术室时，额头上细密的汗珠，呼吸的急促，透出他的紧张与疲惫。即使在手术台这个战场上他已是身经百战的战士，他也会紧张得手心冒汗，也会为某一个垂危的病人痛心不已。他走到我身边，松了口气，说："我们走吧！"我看着这位刚刚同死神展开过殊死搏斗的英雄，心中涌出一股敬畏之情。想到他每天的工作都是救死扶伤，看到他每次工作都尽心竭力，我的自豪之情油然而生。握着冰冷的手术刀，在手术台前治病救人的他，有着英雄般的无私和温情。

　　在医院，他是一个医生，但一回到家，他就成了一位平凡的父亲。不管有多忙，他一踏进家门，便走进厨房，系上围裙，拿起锅铲，厨房里便响起了油在锅里飞溅的声音。我在寒冷的冬天能品尝到炒白菜的温暖，在炎热的夏天能尝到凉拌黄瓜的爽口。虽然这些家常菜简单而平淡，但在我心里，如同龙肝凤髓一样，美味至极。在厨房里忙碌着调拌出酸甜苦辣的他，有着英雄般细腻而温柔的爱。

爬山时的他，给予我精神上的鼓舞。一个炎热的下午，我和他背上行囊，踏上崎岖的山路。起初，我们都跃跃欲试，怀着一股冲劲。然而，不到一会儿，出发时的满腔热血很快便消失殆尽，我们都汗流浃背，小腿如同灌了铅一般沉重。汗水浸湿了我的脸颊，腿上的肌肉被拉扯得生疼，我瘫倒在半山腰的岩石上，几乎想要放弃。他扭头不见我跟上来，便原路返回。看见我颓废疲惫的样子，他喘着气向我走来，温和的话语中透出一丝不易察觉的严厉："行百里者半九十。如果你不继续，一路走来的艰辛与努力都付之一炬。咬咬牙坚持下去吧，山顶有更亮丽的风景。"他用他那双大手，把坐在岩石上的我拉了起来。那双大手，仿佛有无穷的力量。我怔怔地回望来时的路，品味他严厉而温柔的话语，脑海中的那团阴云顿时消散开来。一束阳光洒在远处的山顶上，温暖而不炙热。不知不觉间，我褪去了疲倦。我掸掸身上的尘土，向着山顶美丽的风景重新出发。在我彷徨想要放弃时，鼓舞我继续前进的他，有着英雄般严厉而温暖的爱。

我心目中的英雄，他不会仗剑天涯、策马扬鞭，不会拿枪上战场，但他用他的回春之手，在死神镰刀下来的那一刻，用手术刀挡住这一击，挽救他人的生命。我心目中的英雄，他不会过五关斩六将，不会上刀山下火海，但他会用他粗糙的手，做出一桌美味丰盛的佳肴。我心目中的英雄，他不会在战场上英勇杀敌、持枪驰马，但他会用他那双仿佛有魔力的手，教给我坚持的可贵。

我心目中的英雄，是救死扶伤的白衣天使，是平凡而伟大的父亲，是我人生路上的导师。未来，我也想活成他的样子，为他遮风挡雨，做一个顶天立地的英雄。

评 语

　　本文从"做手术""做饭""登山"三个角度写父亲带给"我"的影响，三个事例表现出父亲的"温情""温柔""温暖"，塑造了"我"心目中一个平凡而伟大的英雄形象。开头写岁月给父亲带来的影响，就算父亲会日益变老，他在"我"的心中也依然如初。倒数第二段是对上述事例的总结，与狭义上的"英雄"做对比。父爱没有那么轰轰烈烈，但正是这种朴实的情感，才能打动人心。结尾总结了父亲在"我"心中的三种形象，是对三个事例的收尾。在孩子年幼时，父母是孩子强大的后盾，父亲日益老去，孩子也成为父母的依靠。结尾抒发了"我"对父亲的爱。父子之间的感情虽无言，但深厚。登山时关于父亲的神态和动作描写，流露出父亲希望"我"重拾信心、一往直前的心情。当"我"遇到困难时，不善言辞的父亲通过正言厉色的教诲，教给"我"人生的真谛，只是几句简短的话语，就让"我"受益匪浅。父爱不如母爱那般细腻，但它总能给予我们勇气与力量，它深沉而宽广，令人为之动容。

# 我心目中的英雄

2018届 初三（9）班 吴松蔚

你是无意穿堂风，偏偏孤倨引山洪。

——题记

从8号到24号，从板凳球员到传奇巨星，从不被注意的黑人到世界瞩目的名人，他，就是我心目中的英雄——科比·布莱恩特。

他曾是天王巨星，他曾经意气风发；他曾迷惘憧憬，他曾怀揣梦想；他曾傲骨嶙峋，他曾目空一切；他曾失意堕落，他曾跌入地狱。但是每次他都能从失败中涅槃，连上帝也惊羡他的天赋。我想这世上没有几个人能达到科比如此的境界了，因为他是"黑曼巴"，他是凌晨四点的洛杉矶。

我已经记不得我是多久以前看到科比打球的，但自从我第一次见到这个男人的时候，我的内心便告诉我，他将会永远地留在我的心中，不可褪去，不可消散。事实告诉我，我的想法是正确的，石破天惊的81分、不可一世的最有价值的球员以及蝉联两年的总冠军，这就是科比带给世界的惊讶与绚烂。

然而，并不是所有英雄的路都是一帆风顺的，科比亦是如此。那是周末的早晨，那天正好是科比所在球队的比赛日期。比赛中，科比一如既往地演绎着他那美如画的跳投，一遍又一遍。在看似比赛已没有悬念之时，一次不经意间的运球，科比的脚腕鬼使神差般地崴了一下。这一下，我恍惚间看到科比痛苦的面容，他重重地摔倒在地上。坐在电视机前的我，内心无比难受，久久难以忘怀这令人心痛的画面。

有的人在历经一次伤痛后，会选择放弃；有的人虽仍坚持，但前路茫茫，内心一片空白。但英雄们往往是第三种人，他们没有伤痛的后怕，没有畏缩的心理，他们在坚持的路上愈走愈远，遥望着远方的曙光。

科比，正是如此。年逾三十五岁的他时隔一年再次踏上那块场地。他仍是我们内心的孤胆英雄，他仍在坚持着、努力着。

日复一日，年复一年，科比为他内心的信仰而坚持、奋斗。我不知道当他说出他将在赛季结束后退役时他内心的感情有多么复杂，只知道这位老将的生涯即将落幕了，那一段传奇也即将结束。

老兵不死，只是凋零。

之后的每场比赛，如科比的巡演一样，他所到之处座无虚席，观众们只为观看英雄吹响最后的胜利的号角。

最后一战，突破、转身、后仰、三分、绝杀……60分的数据，让科比在最后一个晚上画上了完美的句号。黑曼巴，再见。

这就是科比，黑曼巴的抉择。无论做什么都需要付出代价，一个人，只能在彼时彼地，做出对自己最好的选择，或对或错，无须对任何人解释。无论做什么，记得为自己而做，那就毫无怨言。

回首来时的路，也许当初的自己也不敢相信，有一天也可以走得如此之远。

## 评语

　　"总有人要赢的，那为什么不能是我呢？"这是科比接受采访时说的话。文章行文流畅，文笔优美，字里行间透露出对科比披荆斩棘、永不退缩傲气的崇拜，或许这就是作者心中英雄的模样吧。最后的议论，也让人眼前一亮："做什么都需要付出代价，一个人，只能在彼时彼地，做出对自己最好的选择，或对或错，无须对任何人解释。无论做什么，记得为自己而做，那就毫无怨言。"议论富有哲理，显示了作者对科比职业生涯深刻的思考和感悟。只要是自己的梦想，只要是为了自己而拼搏奋斗，那一定是最好的选择。

# 题目 2

# 这就是幸福

　　对于幸福，每个人都有自己独一无二的见解，幸福可以是一种状态，也可以是一种感受；幸福可以是一段时光，也可以是一段经历。这个题目取材范围很广，但也需要我们细细去理解、去品味。"这"暗示着幸福离我们并不遥远，它其实就在我们身边，需要我们去发现、去挖掘。"就是"是指我们从未真正体会过这种幸福，在某个不平常的瞬间，经历了某件事情，度过了某段光阴，便悟到了幸福的真谛。"幸福"在这些作者的笔下，千姿百态，"幸福"是画纸上的天地之间，"幸福"是书中字里行间的大千世界，"幸福"是窗里窗外琴声中的宁静尘世，"幸福"是体会家人的关怀时溢满心灵的感动，"幸福"是烈日下挥洒青春时流下的汗水，"幸福"是全家团圆时的那份踏实、坦然，"幸福"是独处时的静好、安然。"幸福"是无形的，但它在这些作者的笔下，好似有血有肉的生命般灵动。抒写"幸福"，可以记叙一件起承转合的事例，由不懂幸福到逐渐懂得；或是衔接一些层次相同的片段，让文章结构更清晰。每一个片段叙述完，再加一句议论句作结。"幸福"其实触手可及，"幸福"其实无处不在。我们要多留意生活中的细节，捕捉那些细小而美好的幸福，这样写作时才能信手拈来。

# 这就是幸福

2018届 初三（9）班　袁梓晴

　　铺开岁月的画卷，生活有太多不同的模样：望草长莺飞，看落红满径，观万里雪飘，轻叩柴扉，闲敲棋子，也听雨打芭蕉。我们一直在其中寻找何为幸福。而我说，这，就是幸福。

　　在一个有些清冷的早晨，拉开厚重的窗帘，让轻柔的阳光落在冰冷的窗台上，洒下温柔的印记。从书架上抽出边缘有些泛黄的速写本，从写着"2011"的那一页，一直翻到写着"2017"的那一页，静静地感受那些在铅笔下流逝的时光。再往后翻一页，写下一个"2018"，而后望向窗外，用灰黑的铅笔，画下今日阳光下崭新的世界。这就是幸福，于天地之间，亦在画纸之上。

　　寻一个宁静的午后，关上窗户，也关上窗外的喧嚣浮华。从书柜的一排书中，找出那本在不知第几页折了一个小角的书，平摊在桌面上，也摊开那段惊艳岁月的时光。或许不知不觉便到了落日西沉。夕阳的余晖洒在书页上，温柔而安详。轻轻翻过后记的最后一页，不愿惊动那完美或不完美的结局。仿佛闭上眼，便能回到书中的岁月。这就是幸福，于大千世界，亦在字里行间。

　　有时在平静的夜晚，在一个人奋笔疾书的时候，微凉的晚风会带来邻居家姐姐的琴声。有《致爱丽丝》，有《菊次郎的夏天》，还有些熟悉却不知其名的乐曲。那琴声缥缈而遥远，却仍有着鼓舞人心的力量。晚风从窗户的间隙中钻入房间，带来一场由我独享的音乐会。这就是幸福，于宁静尘世间，亦在窗里窗外。

其实幸福可以是太多的模样："高山流水遇知音"是幸福，"且将新火试新茶"亦是幸福；幸福可以是获奖证书上的"一等奖"，亦可以是开水倒入铺着茶叶玻璃杯时的第一缕清香。这些都是幸福，"这"可以是世间的一切，而世间的一切，也总有属于自己的幸福。

行过高山、蹚过流水、走过四季，愿归来时，能浅浅一笑，道一句："这，就是幸福。"

## 评语

　　开篇即用排比句："望草长莺飞，看落红满径，观万里雪飘，轻叩柴扉，闲敲棋子，也听雨打芭蕉"。如此优美的文笔，泛着诗意，携着一股书卷独有的清香，就这样猝不及防地闯入心房。可见作者的语言功底之深厚。紧接着，本文主题的三段，以"早晨""午后""夜晚"三个不同的时间点开头，分别写了素描、读书、听邻家姐姐练琴三件事，以三小句作结，格式对仗，形成呼应。这其中，作者的文笔依旧不可忽视，如"夕阳的余晖洒在书页上，温柔而安详。轻轻翻过后记的最后一页，不愿惊动那完美或不完美的结局。仿佛闭上眼，便能回到书中的岁月"之类的遣词造句，没有一定的功底和训练是达不到这样的水平的。倒数第二段深化主旨，同时引用"高山流水遇知音""且将新火试新茶"的诗句，体现了作者的博学多识。最后一段开头排比，结尾扣题，使全文结构紧凑，完整流畅。

# 这就是幸福

2018届 初三（10）班　王子扬

　　幸福是什么？是"春风得意马蹄疾，一日看尽长安花"的惬意，还是"会当凌绝顶，一览众山小"的豪放？是"泱泱海阔凭鱼跃，朗朗天高任鸟飞"的洒脱，还是"月上柳梢头，人约黄昏后"的甜蜜？对我来说，都不是。

　　安静的独处，对我来说就是一种幸福。

　　毕业季马上就要到了，我们每天都被繁多的作业缠绕，被压得抬不起头来，仿佛与世隔绝般，在题海里苦苦挣扎。此时的我正被一道数学难题死死地拖住了脚步。我放下手中的笔，在叹息中走到窗边，任由微风拂过脸庞，任由喧闹冲刷大脑，心中不免有些烦躁，连作业也不让人好好写吗？我无奈地看向天空的朵朵白云，忽然几只小鸟闯入我的眼帘。"飞鸟相与还"——我瞬间就想到了陶渊明的《饮酒》，突然醒悟。对啊！"问君何能尔，心远地自偏。"就如同汪国真先生说的："既然选择了远方，便只顾风雨兼程，既然目标是地平线，留给世界的只能是背影。"想到这里，我关上窗外的一片喧嚣，一个人静坐冥想，享受片刻独处的宁静，回忆过去努力的时光，坚定自己前进的方向。

　　与家人其乐融融地生活也是一种幸福。

　　我常常在假期回老家看爷爷奶奶，他们都七十多岁了，爷爷奶奶在老家把我拉扯到四岁，我才到深圳与爸爸妈妈生活。家乡虽然没有便利的网络，但有爷爷奶奶的爱。在爷爷家，每当看书看得眼睛疲惫的时候，爷爷都会陪我去家后面的那片小树林走走。在林间的小道上，路两旁是俊秀挺拔的白杨树。

这时，一阵微风吹来，树叶的沙沙声便连成一片，皎洁的月光映着牵着小手的大手。这群小鸟可真不应景呀，叽叽喳喳的声音把我拉回现实，我顿时在心里笑骂：你们可真的是一点也不通人性呀！说罢便捡起一个小石子抛了过去。它们似乎受到惊吓，叽叽喳喳地飞走了，将两坨鸟粪砸到我身旁，好像在说"粗暴"。爷爷牵着我慢慢地走着，默默地笑着，又嘱咐我要用心读书，好好做人。我突然发现，原来幸福就是这么简单。

每个人对幸福的理解是不同的。对我来说，它可以是午后阳光下一刻独处的时光，亦可以是爷爷那牵着我的布满皱纹的手。幸福其实很简单，它就悄悄藏在生活的角落。如果你拥有一颗幸福的心，那生活本身就是幸福。

## 评语

幸福是什么？一千个人会有一千种答案。作者的答案很简单，一是安静独处，二是与家人相处。这两者似乎有些矛盾，但幸福并没有标准答案，就如作者在结尾所述——"如果你拥有一颗幸福的心，那生活本身就是幸福。"作者巧妙地抓住了这些生活的细节，平淡而真实，简单又满怀温暖、不落俗套，使读者能感受到字里行间真挚的情感。第一个事例中引用诗句、欲扬先抑的手法和第二个事例中的环境细节描写都是文章的亮点，体现了文章构思的巧妙，让读者发现，阅读这篇文章，也是一种简单的幸福。

# 这就是幸福

2018届 初三（9）班 叶昕杭

对于幸福这种东西，每个人都有着独到的见解。它看似虚无缥缈、遥不可及，可其实，它就存在于我们触手可及的地方。蓦然回首，细数那些流光溢彩的时光，点点滴滴间充斥的幸福便浮现于脑海。

弟弟的嘘寒问暖是幸福。

春夏换季的光景，正是病毒肆虐的时期，我也不慎中了招。我乏力地躺在床上，微皱着眉，脸色有些发红，紧闭着嘴，尽力在忍耐喉咙泛起的不适。可最终我还是没有顶住来势汹汹的痛意，张开嘴无法克制地咳出了声。身上罩着几层厚厚的棉被，我的手脚却仍旧冰凉。

恍惚间，房门"吱呀"一声开了，我睁开双眼，从有些模糊的世界里分辨出门缝间一个小小的身影——弟弟。他看起来有些着急，眼神四处乱飘，顿了一小会儿，他开口说："姐姐，你是不是生病了？""是啊。"我有气无力地回答，"你赶紧出去，小心被我传染了。"他依言离开了房间。他一直很听话。

没过一会儿，耳边传来妈妈的一声责备："你又在玩水！"我迷惑地睁开眼睛，紧接着又传来弟弟解释的声音："我没有，这是给姐姐喝的！"

我的房门又被小心翼翼地打开了。路程很近，可弟弟走得很慢，一步一步迈得很小，可却稳稳当当，生怕把水给洒了。他始终盯着自己手里的杯子，像是呵护自己挚爱的玩具那般谨慎。终于，他把水端到了我面前，抬起脸，咧着嘴，笑着，举起胳膊，把那杯宝贝一样的水轻轻放到我的手心里。"姐姐，给你，你要快点好起来哦。"我的目光迎上了他天真的笑靥，那张脸透着稚气，眼角眉梢却满溢着温柔与关心。我接过这杯水，杯底的热气附在掌心，带来丝丝缕缕的暖气，驱散了周身的寒冷，我的心也悄然融化在这虽小却温馨的举动中。

古人的幸福在于"知者乐水，仁者乐山；知者动，仁者静；知者乐，仁者寿。"

而我的幸福就在于一杯水，一个笑容。它们足以让我忘掉病痛，享受这简单的温情。

人们总是在接近幸福时倍感幸福，在得到幸福时却患得患失。人们苦求不得的幸福其实很简单，它不张扬，默默地存在于生活的每个角落。低落时的一句安慰，久别重逢的一个拥抱，岁月斑驳的古墙，淤泥中夺目的珍珠，都可以是幸福的图腾。我珍藏好过去遗落的点滴，背起行囊，踏上漫漫征程。

不负将来，不念过往。

**评语**

　　本文写弟弟对自己的嘘寒问暖，写出幸福就在我们身边，存在于触手可及的地方，存在于生活中的点点滴滴间。"微皱眉""脸色发红""紧闭着嘴"一连串的神态描写使"我"生病时的情态跃然纸上。弟弟端水时的动作描写，生动形象地写出弟弟有些笨拙而可爱的关心，而"我"也被这份关怀而打动。文章的结尾引用古人的诗句"知者乐水，仁者乐山；知者动，仁者静；知者乐，仁者寿"，然后话锋一转"而我的幸福就在于一杯水，一个笑容"，再次点明了"幸福默默地存在于生活的每个角落"，首尾呼应。

# 这就是幸福

2018届 初三（9）班 金钰婷

我坐在前往老家的飞机上，窗外厚厚的积雪铺满了屋顶，挂满了树的枝头。望着那片银白色的土地，我不禁哑然失笑。这是我第一次回到我的故乡——雪国长春，想到可以与家人一起过年，我的幸福感油然而生。

刚出机场，冷空气扑面而来。到了家中，屋内开了暖气，寒冷顿时一扫而光。我脱去厚厚的棉衣，坐在暖暖的屋里，时不时有几个亲戚推门进屋，开始热切地谈论起来。人人都说着一口地道的乡音，我则在一旁听着他们讲述那个年代的故事，听他们怀念回不去的青春。这时大姨走过来说："马上就要过年了，过几天我们要准备年货，明天我们全家去滑雪吧！"虽然只是普普通通的几句话，但是听起来却那么亲切、温暖。

感受到家人的热情，幸福溢满我的心。

第二天，我们一家人如约来到了净月潭滑雪场。我全副武装，拿好滑雪杖，雄赳赳、气昂昂地出发了。我们沿着台阶上了山顶，从山顶向下看，这山好高啊！我心中的兴奋顿时被紧张吞没，我的双腿开始发抖，心也提到了嗓子眼。我一度想要退缩，但家人的鼓励萦绕在我的耳旁。我咬紧牙关，膝盖微微弯曲，雪杖夹在双臂下，"嗖"地滑了下去，空气中夹杂着风声和家人的鼓励声，我渐渐地放松了下来，享受这奇妙的过程。我自如地俯冲，美景尽收眼底。我成功了！

感受到家人的关怀，幸福溢满了我的心。

到了除夕，鸡、鸭、鱼、肉都放在阳台这个天然的大冰箱里。我尝着酸甜爽口的冻柿子、冻梨，虽是第一次吃，但我尝到了幸福的味道。晚上全家人一起包饺子，其乐融融。待到饺子煮好，大家围坐在一起，举杯祝福，瓷杯的碰撞声和筷子的敲击声构成一支奇妙的交响曲。年的味道，停留在微麻的舌尖上，飘散在锅炉的余温里。

感受到过年的团圆气氛，幸福溢满我的心。

零点的钟声即将敲响，大家在欢呼雀跃和烟花爆竹声中迎来了新的一年。我陶醉在这过年的欢乐气氛。白驹过隙，岁月静好，转眼我们将长大成人，时间带走了童真烂漫，带走了青春年华。回首往昔，才悄然发现与家人团聚的日子在渐渐变少，翻着"过去"这本厚厚的回忆录，才发现只有过年，只有团圆，只有你们的陪伴，才是最大的幸福。

## 评 语

原作在结构框架上无疑是成功的，这说明小作者懂得构思，知道谋篇布局的重要性。三句"感受到……，幸福溢满了我的心"让文章具有条理，清晰明了，是一大亮点。而在三个场景中，描写手法也十分生动形象。例如，"瓷杯的碰撞声和筷子的敲击声构成一支奇妙的交响曲"，以侧面描写的手法凸显过年时家中的热闹，描绘出一家人团圆幸福的情景。文章结尾"与家人团圆，才是最大的幸福"，由过年的三件事升华到与家人团聚的幸福，引人深思。时间一天天流逝，自己也一天天长大，只有与家人在一起的幸福才是永恒的幸福。

# 这就是幸福

2018届 初三（10）班 陈傝偲

幸福到底是什么呢？千百年来人类从未停止过探究"幸福"一词的意义，但总是"寻福消得人憔悴"，殊不知"蓦然回首，幸福就在灯火阑珊处"。

"真是糟糕，作业又拿了B。"身边的同学正大声抱怨着。听着他们沮丧的对话，我也焦急起来，心脏像是被一双大手紧紧揪住，挣脱不开。终于发我的作业了，我迫不及待地打开本子，映入眼帘的是一个鲜红的"A+"和一个个对勾，它们如同春日的一缕暖阳，照在我心底，驱赶走那双揪住心脏的大手，我的心情舒畅起来。我揉了揉还带着黑眼圈的眼睛，心想：昨晚的辛苦钻研果然没有白费。看着我的作业成绩，周边的同学都纷纷投来赞许的目光。我微微一笑，原来经过辛苦的付出，收获果实是那么甜美。

这就是幸福吧，我想。

"哎哟！"随着一声叫喊，后桌同学的笔"啪嗒"一声掉落在地上，滚出去很远。没等他叫我帮忙，我已经帮他把笔捡回来，交到他手上了。他说了声"谢谢"，我会心一笑，我们又继续转身做着自己的事情。但我的心里却充满了"赠人玫瑰，手有余香"的喜悦。这微不足道的事，其实只是我的举手之劳，却温暖了我的心。原来，帮助别人是那么快乐。

这就是幸福吧，我想。

"哇——"随着一声新生婴儿的哭叫，我知道从此我们家又多一位新成员。原本在手术室外焦急等待的每一个人，此时都喜笑颜开，迎接这个小天使的到来，我的弟弟就这样降临到这个世上了。很快，弟弟就在全家人的细心呵护下长大。时常能看到他开心地在房间里玩玩具的身影，看到他在饭桌上将全家人逗笑的天真举动，看到他在家人忧伤难过时用自己的小手轻抚家人的额头，给予家人安慰的情景。弟弟的降临，给我们一家人带来了极大的欢乐。

这就是幸福吧，我想。

幸福虽说是一个广义的词，人们很难去具体描述什么是幸福。但我认为，一个人能经过努力获得成功，就是幸福；一个人能从帮助他人中感受到快乐，就是幸福；一个人有家人的陪伴，就是幸福。幸福其实隐藏在生活的点点滴滴中，只要我们有一双善于发现幸福的眼睛和感受生活的心灵，幸福就在不远的前方向我们招手。

## 评 语

　　本文运用五段式结构，讲述了三个发生在作者身边的小事，并在每段结束后点题："这就是幸福吧，我想。"这样使得文章结构紧凑、脉络分明、层次清晰。小作者善于从生活的细节中寻找幸福、发现幸福，并将其以细腻的笔法描写出来，让读者也受到感染。写法上，三个事例都以话语开头——"真是糟糕，作业又拿了B。""哎哟！""哇——"读来生动有趣、引人入胜。结尾运用排比总结全文，升华主题——"我认为，一个人能经过努力获得成功，就是幸福；一个人能从帮助他人中感受到快乐，就是幸福；一个人有家人的陪伴，就是幸福"，句式工整、耐人寻味。

# 这就是幸福

2018届 初三（10）班 陈佳莹

对于我来说，"幸福"是个很微妙的词，它既温暖又美好，包含许许多多真挚的情感。

前些天，我在微信公众号上看到一篇文章，标题是"生活中108个幸福瞬间"。文章中所讲的每个瞬间都让我感觉是自己似曾经历过的：走进一家糕点店，刚出炉的糕点香气扑鼻而来；炎炎夏日，开着冷气抱着冰镇西瓜吃；周末，可以睡到自然醒……每一件都是幸福感满满的小事。

记得有一天，我和妈妈因为某一件小事而大吵了一架，于是我便闷闷不乐地和朋友出去玩了。我认为妈妈从来都不理解我，再加上那时候比较叛逆、任性，所以妈妈给我发的信息、语音一条接一条，我都没有回复。直到晚上九点，我才回到家，按下门铃的那一刻我有些慌，心想着：惨了，又要接受洗礼了。

按了三次门铃，才见妈妈急急忙忙从卧室里跑出来开门，她看了我一眼，说："洗手吃饭。"简单的四个字，却顿时让我的心有种说不出的苦涩。只见妈妈走进厨房热菜，我也顺势上楼去放东西。下来时，在楼道上无意间看见妈妈在厨房里忙碌的背影，饭菜的香味扑鼻而来。我坐在饭桌前，见妈妈拿了两个碗，就知道她一定也还没吃晚饭，是为了等我。我的鼻子不禁有些酸，暖意直涌上心头。望着眼前满桌热腾腾的菜，我感到十分愧疚。那晚的饭，不仅暖了我的胃，还暖了我的心。那一刻，我想：这就是幸福吧！

有的时候，幸福可能藏在某件微不足道、平凡的小事中，可能躲在某一处不起眼的角落里，但它一定就在我们身边。只有我们用心地去对待身边的人和事，才能找到幸福，理解幸福。

## 评 语

　　本文语言朴实却真情流露，笔触平淡却情感真挚，通过略写几个平凡的幸福瞬间和详写妈妈等待赌气出走的"我"吃晚饭这一事例诠释了作者眼中的幸福。在详写的这一事例中，"我"的心理描写较为生动细腻，较好地呈现了"我"的心理变化，但对妈妈的神态、动作等描写可以更丰富些。同时，可以再加一件体现幸福的事例，使文章内容更充实些。

　　不同的人对"幸福"有着不同的诠释。在小作者眼里，幸福是那样简单：喷香的糕点、冰镇的西瓜、惬意的周末、妈妈的关怀……作者知足常乐的心态和感恩之心由此可见一斑。是啊，其实幸福就在我们身边——"只有我们用心地去对待身边的人和事，才能找到幸福，理解幸福。"

# 这就是幸福

2018届 初三（9）班 陈婧

窗外，又是夜，混混沌沌的一片漆黑，夜的潮气在空中慢慢浸润，透出一种感伤的氛围。月亮在夜空中挂着，清冷的光辉穿过树梢照在地上，像细碎的泪花，仿佛在诉说着悲伤的往事。一切都那么的静。

初三，将要迎来残酷的中考，一切都那么的严肃、紧绷，让人喘不过气来。考试接踵而至，明明付出了比以往更多的努力，却得不到好成绩，使我时常心里烦闷不已。

又是这样，又没考好，我不禁有些怅然，心情自然是说不出的难过。乌云悄悄地布满天空，世界仿佛蒙上了一层灰色，阴沉沉的。云层很低，我仿佛陷入人生的低谷。这时，一声雷伴随着闪电惊动了万物。雨"噼里啪啦"地坠落，像泼，像倒，从天空倾泻而下；风也肆虐地刮着。我再也无法克制住自己的感情，只觉得苦涩的胆汁直往嘴里涌，鼻子一酸，泪水便朦胧了视线。

母亲看到这般情形便走过来，站到我的面前，沉默不语地看着我。她的目光中透出一种坚定，有些我难以理解的深邃，但又流露特别和蔼、温暖的光芒，仿佛往我心里灌输了一种使我振奋的力量。雨似乎小了，变为小雨，像牛毛，像花针，像细丝，密密地斜织着，织成一张湿润且温柔的网，丝丝缕缕，缠绵不断。

半晌，母亲把她那纤细的手放在我的肩上，然后收了收。那不大的柔软的手在此时却十分有力，手中的温度从我的肩膀传到我的心里，使我感到温暖而坚定。雨停了，阳光透过云层，形成一道金色的光束。隐隐约约有一道彩虹在天空中露出微笑。母亲离开了，而我肩上的暖意却迟迟未消失。我不禁释然一笑，心中暖洋洋的，感叹："这何尝不是幸福呢？"那无言的动作，给无助的我指引了方向，让我更加坚定地走下去。这般深沉的爱，若不是幸福，又有什么是幸福呢？

夜空中，星星一颗颗的，把点点滴滴的光融成淡淡的亮光，月亮也不那么孤独寂寞了。

## 评语

本文最大的特点就是环境描写，烘托了人物的心情，起初月亮的孤独寂寞营造出一种悲伤低落的氛围，为下文写"我"总是与好成绩无缘埋下了伏笔；接着写乌云密布，大雨倾盆，即使读者感受到时间的推移，也烘托出作者的惆怅、迷惘；然后对母亲一连串的动作描写通过运用"走""站""看""放""收"等词语，没有任何多余的言语，却给了"我"温暖和力量。对细节的描写也十分生动、传神，比如描写母亲的目光，比如描写温度的传递，无形之中流露出母亲的关怀与爱，无声胜有声。随着雨势渐弱，"我"愈加坚定而勇敢。结尾的几个反问句，可以看出作者最终悟到了幸福的真谛。于是星空在作者眼中逐渐灿烂起来，不再暗淡。这种写法就是通过作者眼中环境的变化来烘托作者心路历程的变化，写法新颖而独到，逐层递进深入，不会让人觉得突兀或不解。

# 这就是幸福

## 2018届 初三（9）班 朱佳茵

"岁月本长，而忙者自促；天地本宽，而鄙者自隘；风花雪月本闲，而扰攘者自冗。"有时候，厌倦了喧嚣纷扰，腻烦了热闹繁华，就向往独处，憧憬那份安详的幸福。

其实，独处亦是一种幸福。

独坐一隅，轻拈书页，字里行间，拨动了我的心弦，猛一抬头，橘红色的灯光柔和地铺满了房间。在某一瞬间，生活放缓了它紧张而匆忙的脚步。原来，生活也可以如此静好，心灵也可以洁净如初。

抿一口香茗，氤氲的茶香令人神往。卸下生活的面具，将思绪寄托给那醉人的清香，生活也不过就是那杯令人回味良久的清茶，苦尽甘来；抑或倚着墙聆听轻缓温柔的小夜曲，哼着熟悉的旋律，再多的烦恼最终也会烟消云散。

拾一片落叶，夹入泛黄的扉页，像是把典藏的记忆交给过去的光阴。我常常站在夕阳中，看残阳下携手漫步的老人，看黄昏下嬉笑打闹的孩童，看暮色中的大雁划过天际，看落叶无声地凋零……我们总感慨人生无常，但这一切似乎都是人生之常。面对西边的最后那抹辉煌，我不由自主地褪去了惆怅、脱离了桎梏、卸下了负担。独处似乎创造了一个绝美的意境，没有车水马龙的喧哗，只剩下那份波澜不惊的向往。

掬一捧清流，看月色如水般倾泻，思岁月如水般长流。月明星稀的夜晚，万物都已入梦，每个紧张忙碌的白天过后，都有一个甜甜静谧的夜晚，供心灵去栖息。

生活也是如此，每一次的轰轰烈烈过后，终究会归于平淡。不管窗外的风风雨雨，惊涛骇浪，不管世事变幻，沧海桑田，给生活一丝坦然，还生命一份真实，赐现实一份安稳。一个人的宁静时间，不用顾忌着彼此迁就，也不用担心给他人带去困扰。

独处，亦是自省。细数一些回忆，整理一些知识，琢磨一些道理，品味一些美文。独处并不意味着孤独，也并不意味着无所事事。独处能放松紧绷的神经，放慢生活的节奏，也充实了光阴。

对于幸福，每个人都有独到的诠释。等待一场姹紫嫣红的花事，是幸福；在阳光下一起筑梦，是幸福；守着一段冷暖交织的光阴慢慢变老，也是幸福。

而对于我来说，独处是一种幸福，是一种宁静而致远的幸福。

## 评语

"岁月本长，而忙者自促；天地本宽，而鄙者自隘；风花雪月本闲，而扰攘者自冗。"文章一开头便引用古文，进而引出主旨：独处是一种幸福。这个开头使文章富有诗意，意蕴深刻。本文前几段都用一件事做中心展开叙述，"独坐一隅，轻拈书页""抿一口香茗""拾一片落叶""掬一捧清流"，紧接着写出了独处时的场景，描绘独处带来的静心之感和远离喧嚣的通达之悟，笔触细腻，行文流畅。运用大量的修辞手法及细节和心理描写，层次分明、描写生动。文章同样富有哲理，有作者自己的思考和感悟，"给生活一丝坦然，还生命一份真实，赐现实一份安稳"，抒发了作者的真情实感。也许在这个光怪陆离的繁华大世界里，我们最需要的就是一个自己的小世界，行人匆匆、喧嚣阵阵，在独处时我们却能全部弃之不顾。独处的时候，我们就是我们，不用理会闲言碎语，不用迁就委曲求全。独处给了我们机会，让我们真真正正地去思考，去感悟，去探索。这世界精彩却又时时潜伏着危险，独处却是一处世外桃源，所以也正如文章中所说的："独处是一种幸福，是一种宁静而致远的幸福。"

这类文章的主题是幸福，但文章的题目不必拘泥于"这就是幸福"，如下文《我的幸福密码》，题目新颖而独到，引人入胜，让人眼前一亮。

# 我的幸福密码

2018届 初三（9）班 黄子键

如歌岁月，似水流年。在万象纷呈的世界里，有着许多令我感到幸福的事。

炎炎夏日，我们顶着毒辣的太阳在跑道上练200米冲刺。一组又一组的200米冲刺后，我们的肌肉酸痛无力。"坚持一下！最后一组了！"体育老师拿着话筒吼道，我不情愿地挪上跑道。随着一声哨响，我拔腿冲了出去。跑了几步之后，我发现自己早已没有了力气。正当我喘着气踌躇着想要放弃的时候，远处传来了呐喊声："加油！小H！快到终点了！"我在灼热的日光下抬头望去，那是我的兄弟们，他们不顾近40℃的高温，不顾刺目的阳光使眼睛睁不开，仍大喊着给我加油助威。我鼻尖一酸，才明白自己承载了太多期许的目光，怎敢轻易辜负。于是我迈着坚定的步伐，朝着兄弟们的方向，迎着骄阳，向前跑去。

烈日下兄弟们的助威，就是我的幸福密码。

盼星星，盼月亮，终于把元宵节盼来了。我起了个大早，匆忙收拾两下就坐上了回老家的车。经过无数辗转换乘，我终于回到了老家。一进屋，一桌子丰盛的佳肴映入眼帘，阵阵饭菜香引得我肚中的馋虫蠢蠢欲动。奶奶笑靥如花，将早已煮好的晶莹的汤圆端上桌，一家人便其乐融融地围在桌边品尝汤圆。一碟又一碟的菜不断被端上来，碟碟色、香、味俱全，家人都夸赞奶奶的手艺，并有一搭没一搭地闲聊起来。

吃完饭后，一家人都搬着小板凳，到院子里欣赏风景。风飞缱绻，云卷缠绵。皎洁的月光在这<u>丝丝缕缕</u>的云彩中，犹抱琵琶半遮面，虽不是中秋月夜，可那夜的月儿格外圆。

月夜下家人的团聚，就是我的幸福密码。

幸福，不是高位厚禄背后的花天酒地，亦不是放荡不羁的肆意妄为。它是一首交响曲，让人拥有"初听不知曲中意，再听已是曲终人"的感慨；又似一杯浓郁的香茗，初尝微带苦涩，只细一品，便觉得余香四溢，岁月悠长。

我的幸福密码，不是青春的过场风月，而是炙热下的坚持与前行；不是遥望星空的孤独、彷徨，而是全家团圆时的岁月无忧，山河无恙。

## 评语

开头用对偶句"如歌岁月，似水流年"点出了主题"我的幸福密码"，开门见山。中间用大段加小段的方法，从两个不同的维度叙述了小作者身边的幸福。首先，叙述了烈日下兄弟们的助威，运用了人物的语言描写——"坚持一下！最后一组了！""加油！小H！快到终点了！"体现了小作者与同学深厚的友谊以及他锲而不舍执着的拼搏精神。其次，描写了月夜下家人的团聚，体现了虽平凡朴素，却能深入人心的亲情。结尾总结点题——"我的幸福密码，不是青春的过场风月，而是炙热下的坚持与前行；不是遥望星空的孤独、彷徨，而是全家团圆似的岁月无忧，山河无恙"。语言优美，有很强的文学功底。

# 题目 3

# 成功的背后

📖 写作指导

　　人们总是在对比中发现自己的不足，惊羡他人的成功，抱怨自己的失败；认为别人天赋禀异，而自己一无是处……你也许会问：为什么我们学习这么辛苦？为什么别人略微努力就能成功？甚至是为什么别人比我聪明许多？亲爱的朋友，我们往往知道葡萄的美味，却忽略了葡萄枝叶曾经的奋斗；我们只看到了葡萄耀眼的成就，却忽视了枝叶的微弱光芒。

　　没有谁的一生是一帆风顺、十全十美的。看似轻松的他们，只是在背后比我们付出了更多的努力；看似聪慧的他们，只是在背后比我们挥洒了更多的汗水；看似百战百胜的他们，只是在背后比我们接受了更残酷、更无情的失败。生活是公平的，有苦才会有乐。"宝剑锋从磨砺出，梅花香自苦寒来。"

　　生活就像一个杠杆，走向成功的方法不胜枚举，可以省力，可以省距离，但绝不能省功。曾经的天才方仲永，即使聪慧过人，不努力学习，也只能沦为普通人。反过来想，在太阳还没有把光束洒向地面的时候就开始努力训练的科比、把喝咖啡的时间都利用起来进行文学创作的鲁迅先生和从女队陪练做起坚持训练的速滑冠军武大靖，试问哪个不是历经坎坷，才获得成功的呢？

　　眼睛，终究只能看到事物的表面；只有用心，才能体会到成功背后的辛酸。拿起笔，不要彷徨，也不要停滞不前，让心中的思想化作这支笔，在白纸上翩翩起舞！即使此刻白雪皑皑，但总有一天它们都会消失殆尽，取而代之的是那生机勃勃的鸟语花香。

# 成功的背后

2018届 初三（9）班 黄彦榕

　　人们总是惊叹夏季不知疲倦的蝉鸣，赞叹秋季昙花一现的美丽，却不知，成功的背后，是怎样的付出。

　　不知从何时起，她成了我们班优秀生的代名词，常常是年级前十的一员。她永远是老师夸赞的对象，同学羡慕的榜样。当然，我也十分羡慕她。但我每次钦佩的目光中也夹杂着不解与迷惑：为什么她可以如此优秀？直至那天，我翻开了她的化学笔记本，工工整整的字迹如严肃的士兵正在接受队长的审视。细致的知识点涵盖老师上课的板书、老师强调的每一句话以及我都不曾听过的内容。不仅是笔记，她对每一课时还有错题集和对易错易漏知识点的总结。这个轻薄的本子，给我打开了一个新的世界，给我这个站在山底瞻仰山顶的人铺了一条崭新的路。

　　家长会前，我正匆忙地分发着英语月考成绩分析单。她的分析让我的步伐渐渐停了下来。我愣在原地，映入眼帘的是她那密密麻麻的分析，小小的字霸占了整张纸，一丝一毫都不肯放过。我震惊了：她不是这回英语考试全班第一吗？为什么还写了这么多的分析？时间并没有允许我仔细研读。但那份严谨认真的分析已印入了我的脑海，我将铭记这份难忘。

　　她在成绩上的高成就并没有阻挡她全面发展的心。初三面临着体育中考，刚开学，体育老师就进行了测试。测试仰卧起坐那天，我有幸与她搭档。我望着她在短短60秒内，如弹簧一般来回往复。"77个！"这让我有了一种深深的无力感，这看似遥不可及的目标却在她身上成为现实。我曾问她方法，她摇头不语。但她每一次认真练习的背影，不怕多练就怕少练的信念，深深地感染了我。

此刻，我终于明白了《昆虫记》中所说的"蝉在地下潜伏四年，才能钻出地面，在阳光下歌唱五个星期"的不懈努力；终于明白了昙花为了盛开，每一次扎根、每一次吸收营养的认真与坚持。她，何尝不是这样？

在接下来的日子里，我也将成为吸取阳光的花籽，用每一次奋斗去充盈枝干。那个周末，我第一次在没有老师要求的情况下订正错题，第一次主动要求练习仰卧起坐，第一次放学后与同学一起跑圈，第一次向她表达了我的感激之情。

有人说"台上一分钟，台下十年功"，我想这不仅适用于舞台，也适用于生活。只有在背后默默付出，才能一朝绚烂夺目；只有踏踏实实地反射每一次光芒，才能成为将来的太阳。

业精于勤，荒于嬉；行成于思，毁于随。成功的背后，是勤奋，是努力。

## 评语

　　本文以"蝉鸣""昙花"表面光鲜艳丽背后是不为人知的艰辛为开头，分别叙述了优秀的女同学努力勤奋的三个事例："化学笔记本上工整的字迹""认真严谨的成绩分析""体育中考前的刻苦训练"。这三段结构完整，层次分明，前面叙事，最后加一句议论，写出优秀的女同学的行为与品质对"我"的影响。从"给我打开了一个新的世界""我将铭记""感染了我"可以看出，不管是写自己还是他人，都要加入自己的所思所想，表达自己的感悟。倒数第四段照应了文章的开头，"我"由迷惑到明白：成功的背后是不懈的努力。文章结构紧密，语言有条理。接着写"我"从她的身上学到的品质与精神，在自己的身上实现，使"我"体会到了汗水浇灌成功的喜悦，运用比喻和排比的修辞手法，使语言更加生动形象。结尾两段是对全文的总结，使文章的脉络清晰可见。"成功的背后，是勤奋，是努力。"这句话既是对文章的总结，也点明了题目。成功的耀眼夺目令人称羡，而成功背后的汗水与泪水却鲜为人知，要想看起来毫不费力，只有在背后极其努力。若干年后回首，希望我们都能笑着感谢，那个拼命努力的自己。

# 成功的背后

2018届 初三（10）班　林彦桐

　　成功如同一株成长在荒漠中的千岁兰，不需奢侈的养分与泛滥的河水，只需清晨晶莹的露水与炙热的骄阳。

　　凌晨，漆黑的夜空中没有一丝星光，干燥的寒风犹如利刃，刺入肺腑，使我不禁打了个寒战。望着那空无一人的大街被昏黄的灯光笼罩着，一种莫名的恐惧油然而生。我攥紧双拳，望着那没有一丝星光的夜空，大步向前。

　　"呼，呼，呼……"一片死寂的大街上传来了一阵沉重而又急促的喘气声。衣服早已被汗水浸湿，双腿如同灌了铅般沉重；头脑开始变得麻痹，道路也变得越来越模糊。我揉了揉双眼，突然，身体失去了重心，我重重地给了大地一个"热情"的"拥抱"。我望了望那攥紧的双手，鲜红的血正一丝丝渗出；我看了看来时的路，咬紧牙关，又一次向着那似远非远的目的地进发。天空渐渐露出了一道白光，清晨的阳光驱逐了寒冷，麻雀婉转动人的歌声在我的耳边回旋着。望着大树新长出的、青翠欲滴的嫩芽，我加紧了前进的步伐……

　　又一个凌晨，刺眼的灯光照亮了漆黑的房间，我竭尽心力抑制住想要倒头而睡的欲望，从床上蹦了起来，用双手去撑开那双沉重的眼睛，望着桌上那张摊开的理化合卷，望着那如同魔咒般的73分，失落在心中无声地蔓延开来。我打开那尘封已久的红笔，一片死寂的房间内传出"钝剑出鞘"的沉闷声。我在试卷上勾勾画画，很快，鲜红色的批注覆盖了整张试卷。望向窗外，此时的夜空，似乎多了几丝星光。我相信，总有一天，钝剑将磨砺出与宝剑一样的寒光。

时光荏苒，回想起中考体育顺利拿到满分，理化合卷的理想成绩，我的心中多了一丝暖意。

我坚信：只有经历过地狱般的磨炼，才能拥有登上天堂的力量。

努力不一定成功，但成功的背后，必有努力的痕迹。

## 评 语

　　本文文笔优美，语言生动。以比喻句开篇，将成功比作坚韧的千岁兰，点明了成功的不易。接着并列叙述了"我"在凌晨练习跑步和订正理化试卷这两件事，并在末尾道出了奋斗的结果。最后由事及理，揭示了努力对成功的重要性。条理清晰、层次分明。文章的环境描写细致逼真——"漆黑的夜空中没有一丝星光，干燥的寒风犹如利刃，刺入肺腑""那空无一人的大街被昏黄的灯光笼罩着"，将凌晨的寂寥描绘得淋漓尽致。对人物的描写也细腻生动，如心理描写——"一种莫名的恐惧油然而生""失落在心中无声地蔓延开来"，以及动作描写——"我攥紧双拳，望着那没有一丝星光的夜空，大步向前""我望了望那攥紧的双手，鲜红的血正一丝丝渗出；我看了看来时的路，咬紧牙关，又一次向着那似远非远的目的地进发"。修辞手法的运用亦是本文的一大亮点，将成功比作坚韧的千岁兰，用利刃比喻寒风，将沉重的双腿比作铅。但最巧妙的莫过于将努力学习比作磨砺钝剑，"我相信，总有一天，钝剑将磨砺出与宝剑一样的寒光"，充分体现了作者坚定的信念。

　　"努力不一定成功，但成功的背后，必有努力的痕迹。"愿每一个努力的你，都不被辜负。

# 成功的背后

2018届 初三（10）班 刘意凡

　　我们时常看见中国运动员站上奥运会的最高领奖台，我们时常看到无数企业家的成功创业经历，我们更是时常看到同学们拿到一百分时的欣喜。我不禁羡慕他们，想和他们一样变得成功。但我看到了成功的背后是他们数不尽的努力与付出。

　　"起来，不愿做奴隶的人们……"奥运期间，每当国歌响起，我都会在电视机前观看中国运动员骄傲地站在领奖台上，看他们戴着闪闪发光的金牌，脸上带着灿烂的笑容，昂首挺胸，笔直地站立着。那笑容是来自心底最真实的笑容，因为这是他们努力训练四年的回报，也是给这么多年奋斗的自己最好的礼物。运动员每天日复一日的训练，汗水一滴一滴掉落，多次因为训练造成伤痛，多次因伤痛痛不欲生，可是他们坚持下来了，不但不放弃，还更努力地向着他们的梦想奔跑。他们之所以成功，是因为背后的艰辛付出。

　　我读过一本书叫《愿你的青春不负梦想》，这本书的作者是新东方的创始人俞敏洪。他是一个农村小孩，经过三次高考进入北京大学。他当过老师，最后创办了新东方。难道这仅仅是靠智慧就可以办到的吗？当然不是。他讲述，在大学里，他算是班上最不起眼的一个同学，成绩一般，长相一般，家庭条件一般。他非常自卑，唯一的出路就是把学习搞好。他患肺结核在医院住院时背了一万多个新单词，他在别人谈恋爱时努力学习，他在努力追随比他优秀的人。最终，他成功创办了新东方学校。他虽然没有英俊潇洒的外表，他的成绩虽然一开始在众多学霸中毫不起眼，他虽然在才华横溢的同学旁显得窝囊，

157

可他通过不懈努力，摆脱自卑，最终取得了成功。他之所以成功，是因为背后的坚持不懈。

　　每次拿到发下来的试卷，我总是高兴不起来，我看到一些学霸拿到一百分的样子，他们眉开眼笑，心里开出一朵花来。我不由得想，为什么同一间教室，同一个老师讲相同的知识，所有人的成绩会有所不同呢？在课上，老师评讲试卷的错题，我偷偷观察了一下同学们的听课状态，不禁大吃一惊，满分同学仍然认真地听课，记着笔记，他们没有骄傲，没有讨论，没有发呆；而一些不及格的同学却经常走神，无所事事得像在听天书。虽然老师讲解的内容学霸们都会，可他们还是认真对待，虚心听讲；虽然他们的作业做得很快，可他们还会给自己加任务；虽然他们比其他同学成绩好，可他们还是比其他同学付出更多、努力更多。他们之所以成功，是因为背后的勤劳虚心。

　　一朵花的盛开，人们只惊羡它盛开时的美，而我却看到它奋斗的过程。铸就成功的，是坚持不懈的努力。

## 评　语

　　本文将运动员、俞敏洪和自己的例子结合起来，不但展现了作者广泛的阅读量，也清楚、具体地揭示了成功人士背后的努力付出，如"他非常自卑，唯一的出路就是把学习搞好。他患肺结核在医院住院时背了一万多个新单词，他在别人谈恋爱时努力学习，他在努力追随比他优秀的人。最终，他成功创办了新东方学校"。作者用成功人士与平常人的生活进行种种对比，让我们发现了成功的秘密——努力。同时，结尾一句"一朵花的盛开，人们只惊羡它盛开时的美，而我却看到了它奋斗的过程。铸就成功的，是坚持不懈的努力"，再次点明了主旨，前后照应。

# 成功的背后

2018届 初三（10）班 林宛祈

上学路上，我又看见了那个筑在屋檐下的小小的家，那是一个精致小巧的燕子窝，窝内三只羽翼尚未完全丰满的小燕子正翘首盼望着双亲的满载而归。乘着时间还充裕，我停下脚步，抬头看着那窝叽叽喳喳的燕子，它们的父母恰好归来。一阵吵闹后，小燕子们迈着颤巍的步伐来到窝的边缘，展翅欲飞。我看得提心吊胆，不禁在心里为它们捏了一把汗。小燕子拼命扑腾着翅膀，却只是飞到了对街的屋檐上。

一低头注意到了时间，不知不觉已过去十多分钟了，我只得匆匆赶去学校。

仍旧是忙碌的一天，排得满满当当的课程表似一个叮当作响的闹钟，无时无刻不在提醒着我该更加努力了。

考试成绩下来了，邻近的同学都考得不错，我开始期待自己的成绩，盼望着也能像周遭同学一样大大方方地将考得不错的卷子平铺在桌面上。卷子到了手中，我一瞅，看到的却是一个不尽如人意的分数。怎么回事啊？明明是复习了的呀。我郁闷地用手遮住了分数，迅速一扯，卷子被我团成一团皱巴巴地塞入了桌子。

上课时，我的心思如一团麻线纠缠在一起，根本无心听课。"咚咚！"老师用手在黑板上敲了两下，眼睛瞟了我一眼，在暗示我好好听讲。虽然其他同学不知道是我，但我还是羞愧地低下了头。下课了，我仍无精打采地坐在座位上。

旁边一个成绩很好的同学引起了我的注意，他正在聚精会神地读着什么。我定睛一看，竟是一本厚厚的《作文指导》。考试刚结束，他便开始攻作文了。我很纳闷，为什么一考完试就要去复习呢？看着他努力的模样，我脑海里闪过他一门门学科优秀的成绩。突然间，我好像明白了什么。

成功从来都不是一步达成的，就像水滴石穿，铁杵磨成针，是需要岁月和恒心磨炼的。苍鹰冲上百丈苍穹，靠的不仅是宽大的双翼，还有属于鹰的坚韧意志。

那位同学不亦是如此？每天清晨总能看见他安静地坐在座位上背书。一有难题第一个去问的总是他，最积极、最努力学习的也是他。而我那点临时抱佛脚又算得上什么呢？

后来的无数个清晨和傍晚，我都能看见小燕子们努力扇动翅膀去追赶父母的场景。

直到有一天，当我再次路过那个燕窝时，发现已燕去巢空。那几只学习飞翔的雏燕，想必已经在这日日夜夜坚持不懈的练习中掌握了飞行技术，离开了它们赖以生存的家，各自生活去了。

成功的背后，原来需要坚持和汗水。我要学习那苍鹰、那水滴、那磨杵的人，用坚持和汗水，换取未来的成功！

我捧着一本语文书，踏着轻松的步伐，走向学校。

### 评语

本文作者开头先写了上学路上看见小燕子们努力练习飞翔的场景，为下文"我"发现成功的背后是努力与汗水做了铺垫。接着写自己拿到试卷，看到那不尽如人意的分数后"明明复习了呀"的疑惑，导致上课时心不在焉被老师提醒。而下课后，却发现一位成绩优异的同学已经开始读《作文指导》了。短暂的纳闷后，终是明白了成功的到来从不是偶然的，而需要岁月和恒心的磨炼。最后，再一次写到那坚持不懈地学习飞翔的雏燕，与全文开头相呼应，使文章结构完整，抒发了作者坚定的信念。全文积极向上，充满正能量。

# 题目 4

# 那一刻，我的世界春暖花开

拿到一篇作文题目，首先要注意其中的关键词，而本题目的三个关键词分别是"那一刻""我的世界""春暖花开"。

首先，"那一刻"中的"那"字规定了时间范围，有追忆的性质。叙述离现在有一段时间发生的事情，不能写当下，也不能写未来。

其次，在一般情况下，"那一刻"是指一个瞬时时间，而不是指一个长的时间，所以同学们须写一瞬间的触动。

再次，"我的世界"中的"我"说明写与"我"相关的事例，不能写其他人的。值得注意的是，"我的世界"既可指外部世界，也可以指内部世界，即感情世界，但要想把文章写得出彩，同学们更应选择内心世界来写，即感情世界。

所以"春暖花开"就预示了我们要有感情的变化。"春暖花开"本意是春天繁花盛开，那春天前是什么？是充满严寒、历经艰辛的冬天，所以本来的情绪应该是消沉、沮丧、彷徨、犹豫的。再看"春暖花开"比喻感动、温暖、快乐、自信、自豪、幸福等情绪，同学们就要描写这两种情绪的转变，由消极变为积极。要交代清楚感情变化的过程、感情变化的原因，写出情感变化的纽带和桥梁，这样才能成就一篇精彩的作文。

理解了题意，接下来就应构思该写什么内容了。其实，此题目可写的范围很广，同学们可以写在摆脱烦恼的困扰之后，可以写在收获意外的惊喜之后，可以写在顿悟亲情的温暖之后，还可以写在震撼于自然的伟大力量之后，"我"的世界春暖花开。要善于抓住生活中的小细节作为切入点。例如，下面黄慧欣同学写在看到小组成员争抢着做值日后，受到了感动，原来因繁多的学业而产生的不快一扫而光。刘丹妮同学则写在看到芦苇历经磨难后仍然顽强地生长，受到鼓舞，将由考试失利带来的压抑、迷茫抛掷脑后。李思瑞同学写在同学送书后，感受到自己被他人关心，心情由失落沮丧转变为幸福。

只要同学们认真耐心地审题构思，相信终有一天，你们写作的世界也会春暖花开。

💬 范文

# 那一刻，我的世界春暖花开

### 2018届 初三（9）班 黄慧欣

"丁零零"的下课铃声响起，一天的学习生活随之落下帷幕，而我的校园生活却还没有结束。这周又轮到我们小组负责值日了，望着窗外渐浓的天色，看着书桌上厚厚的一摞作业和习题，我轻轻地叹了口气，认命地起身向工具箱走去。

然而，工具箱在我到来之前就已被打开了，转头望去，陈伟峰同学早已拿着扫把在教室里忙碌起来，大半个组的地板变得整洁而干净，受了伤的吕畅轩同学也在用一只手努力地将原本歪歪斜斜的桌子摆整齐……于是，我快步迈向工具箱，取出工具，加入他们的行列。

在我完成分内的任务后，像往常一样去做些收尾的工作。看到充斥着黑脚印的讲台，我从工具箱中拿出水桶想要装水，却被陈伟峰一把抢过："给我来吧！"我刚拿起拖把，想要清洁讲台，手里的拖把却一溜烟地窜到了曾庆聪手中，看着他才擦了半面的黑板，我着急地说："你先把黑板擦完，讲台给我拖吧。"他却装作一脸不耐烦地说："行啦，我擦完黑板就拖，组长你去忙你的吧。"看向窗台，王钰珣正奋力挥舞着手中的抹布；看向图书架，伍政正认真整理着糟乱的书籍，讲台也被收拾得井井有条，连粉笔都像纪律严明的士兵一样整齐地排列着……

我呆呆地伫立在原地，不知道该做些什么，一瞬间竟感到有些无所适从。他们争着抢着干活的模样，如一股暖流静静地在我的心底流淌。

那一刻，我的世界春回暖，花盛开。

在我收作业手忙脚乱时，伸出援手的，是你们；在我上台紧张时，给予我勇气的，是你们；在我考试不理想伤心难过时，给我加油鼓励的，是你们；在我生病不适时，帮我记作业收拾书包的，依旧是你们……

有你们，真好，在最好的年华，与我共同欢笑。

有你们，真好，在奋斗的年华，与我并肩奔跑。

"同学们，一天的学习生活结束了……"广播声把我的思绪拉了回来。我收拾好桌上厚厚的一摞书，走在回家的路上。带着暖意，迎着月色。

曾在《读者》上看到这样一句话，"许多普通的日常存在，都是我们彼此生命里的花开。"

我想，确是如此。

## 评语

　　本文描写了一次小小的小组值日，体现了小组成员之间互帮互助的美好情谊。小作者的心情也因此波澜起伏，刚开始面对桌上厚厚的一摞作业习题和令人伤脑筋的值日任务，小作者是无奈叹息，后来看到组员努力值日，小作者转为惊讶，最后看着组员争抢着做值日，小作者充满感动与感激。这里的细节描写和修辞手法运用得十分巧妙，如语言描写"给我来吧""行啦，我擦完黑板就拖，组长你去忙你的吧"和动作描写"看向窗台，王钰珣正奋力挥舞着手中的抹布；看向图书架，伍政正认真整理着糟乱的书籍"，以及比喻"连粉笔都像纪律严明的士兵一样整齐地排列着"和拟人"手里的拖把却一溜烟地窜到了曾庆聪手中"，都使文章惟妙惟肖，栩栩如生。

　　最后的结尾再用两句"有你们，真好，在最好的年华，与我共同欢笑。有你们，真好，在奋斗的年华，与我并肩奔跑"点题升华，句式工整，读来朗朗上口。作者的感激欣慰之情也从其间悄悄倾泻而出，一丝丝、一缕缕，虽不经意，却沁人心脾，让人不禁羡慕这位组长竟是如此幸运，能遇见这般尽职尽责的组员。

# 那一刻，我的世界春暖花开

## 2018届 初三（9）班 李思瑞

夕阳静静地挂在天边，染红了天边的云霓，似近非近，似远非远，将远处的高楼、树木照映得神秘莫测。

我坐在课桌前，咬着唇，双眉紧皱，似乎这样灵感就会从脑海中迸发出来。我右手握着笔，左手托着腮，在作业本上奋笔疾书。时间一分一秒地逝去，我在手中玩转着那只被汗水浸湿的笔，心中思绪依旧如麻，浮躁的情绪如潮水一般，将我淹没。好不容易完成了一门功课，一抬眼，对面仍有小山堆一般的作业等我完成。长时间紧绷着的神经、紧张而匆忙的生活节奏，让我感到有些疲倦。思绪回到了那个阳光灿烂的午后，那个盛开着迎春花的窗前，我曾在慵懒的阳光下任思绪飞扬，在清风吹拂中轻拈书页，品读字里行间的矛盾或温情。我回想着那本小说里情节发展的前因后果，想着某个人物的传奇经历，猜想着故事的结局和各色人物的下落，我心心念念的那本未看完的书，还未读到结局便已不见了踪影。我渴望着重温那段经历，我试图寻找过，可就像云烟一样，它忽然就消失得无影无踪，我不得不打消了这个念头。

不知不觉间，一节自习课在笔尖与纸张的摩擦声中悄然度过。正当我回过神来，一个熟悉的声音从旁边传来。我循声望去，原来是他。我起身向班级门口走去。我问他："找我有事吗？""你跟我说过的那本武侠小说，我帮你找来了。"他说道。他的眼里透出一道光芒，手里攥着一本书皮有些老旧的书，封面还是那幅熟悉的图画，书页有些翻折。我心底有一丝暖流涌过，接过那本格外厚重的书，连声道谢。他微笑着转过身去，修长的背影消失在冗长走廊的转角处。那一刻，似乎有一股清风沁入心脾，吹去了我心中的浮躁。深吸一口气，我似乎嗅到了清新空气中夹杂的花草香，心情有种从未有过的舒畅、自然。那一刻，我仿佛又回到了那个午后，又倚靠在那个窗前，又将思绪放飞，又捧起了那本我未读完的书。那一刻，我体会到了被关心、被惦记的滋味，像草莓味的春天，甜滋滋的，直戳心底。

那一刻，我的世界春暖花开。在成长的道路上，有很多人在默默地关心我，帮助我。人生路上，我并不是孤身一人，那么多美好的人，同我并肩作战。

那一刻，我找回了勇气和信心，愈加坚定。我手捧散发着油墨香的书，眺望着远方的余晖，迎春花在风中缱绻。

那一刻，我的世界春暖花开。

## 评语

此文语言优美，文笔细腻，遣词造句颇为讲究。最令人赞叹的莫过于本文的细节描写："我坐在课桌前，咬着唇，双眉紧皱，似乎这样灵感就会从脑海中迸发出来"，令"我"面对难题冥思苦想的模样，跃然纸上；"我渴望着重温那段经历，我试图寻找过，可就像云烟一样，它忽然就消失得无影无踪，我不得不打消了这个念头"，这一细腻的心理描写将"我"失落的心情展现得淋漓尽致；"他的眼里透出一道光芒，手里攥着一本书皮有些老旧的书，封面还是那幅熟悉的图画，书页有些翻折"，朋友对"我"的关切之情溢于言表。后半部分连用"那一刻，……"的句式，照应主题，强烈抒情，富有感染力。

初三的生活充斥着数不尽的作业与考试，伴随着难以言喻的压力与疲惫，所幸的是"人生路上，我并不是孤身一人，那么多美好的人，同我并肩作战。"

# 那一刻，我的世界春暖花开

2018届 初三（9）班　刘丹妮

时光定格在那一刻，我的世界春暖花开，充满无限希冀。

——题记

午后慵懒的阳光透过窗帘洒向教室，同学们全神贯注、奋笔疾书。教室本该弥漫着一片温馨，可此刻，教室却异常寂静，无所事事的人不见了，取而代之的是一种山雨欲来风满楼的感觉。

上交试卷，我不禁松了一口气，听着身旁的同学报着一串串数字，一种满足感油然而生，心中的欣喜难以平息。我暗喜，这次一定可以打破80分的魔咒了。

紧张而让人期待的那一天很快来临了。我殷切地接过老师手中的试卷，映入眼帘的却是密密麻麻的红叉，左上角那个刺眼的分数像一把锋利的刀，在我的心上划下一道道伤痕。我失落地闭上双眸，泪水在眼眶里打转，心里不停地咒骂着那个不争气的自己。一睁眼，鲜红的分数仍在那里，似乎在打击我的自信心。我的心凉了，心里早已秋叶凋零。

压抑、迷茫，天空阴云密布，秋叶被风击打得四处飘散。

我心灰意冷地回到家中，心中惆怅不已，深深的无力感笼罩着我，我有些喘不上气来。盯着眼前堆积如山的书，就如同行走在无边无际的黑暗中，没有目的，没有方向，不知如何去寻找那一丝渺茫的光亮。

我走到阳台，眺望远方，不经意间，余光扫到角落里的一抹翠绿。原来是一株芦荟。依稀记得几年前它被带回来时，只是一棵巴掌一般大的幼苗，年幼的我对新事物总是充满了好奇，悉心照料了几天，便没有再坚持，把它放养在角落任其自生自灭。春去秋来，它究竟历经了多少磨难？暴风的击打、烈日的曝晒、雨水的侵蚀，挨过了无数个干燥黑暗的日子，终于，它长大了，成为我眼前的这一株青翠欲滴的芦荟，周围散落了一地的残枝败叶。它默默无闻地生长，待到成熟之际，呈现在人们眼前的是它翩翩的身姿。没有人知道它曾经受到的磨难和挫折；没有人知道它如何抗争命运、如何逆风成长；没有人知道它曾多少次被击垮，又多少次重新站起来，迎难而上。我们亦是如此，羡慕别人收到的鲜花和掌声，羡慕别人的成功与荣誉，殊不知，每一份成功都来之不易。上天是平等的，得到的同时也会失去。每一分努力都不会被辜负，一次次的失败，一次次的跌倒，只不过是在提醒我们，还需要更加努力。

有人说芦荟的花语是顽强。是啊，它的花语体现的不仅是它对未来的向往和努力，更是背后默默奋斗，顽强生长，不断摔倒，不断爬起的精神。一株平凡的植物都能经受如此磨砺，迎难而上，为什么我作为人却连这点小打击都受不住呢？青春珍贵而短暂，别把时间留给失败后的感伤，别抱怨上帝的不公，别埋怨自己的无能，做一棵不起眼的芦荟，永远努力，永远顽强。

雨过天晴，碧空如洗；乌云消散，阳光倾泻而下。

那一刻，我豁然开朗，在我眼中残叶已化成芦荟生长的动力、养分。凄凉已悄然褪去。那一刻，我的世界春暖花开。

## 评 语

开头运用题记，新颖巧妙，点明题目。首先描写了班级考试同学们的紧张以及交卷后"我"的自信欣喜，为下文"我"考砸后的失望伤心做铺垫。公布成绩前的期待和公布成绩后的悲伤形成了巨大的心理反差。作者通过环境描写和心理描写表现自己内心的凄凉和迷茫。作者直到瞥见那一株芦荟，才感悟到磨难与挫折是成功的奠基石。结尾的议论层层深入，表现出作者迎难而上的决心。如果能在文章中间增加更多对雨的描写，烘托"我"心情的起伏，更能给文章增色。有时候，身边一些我们常常会忽视的事物，往往在某个瞬间，会使许多参悟不透的道理，一下便有了答案。我们要时常留心生活中的事物，留意生活中的细节，用一双善于发现美的眼睛去捕捉生活中的美。